KB116384

영어 발성 트레이닝

영어 발성 트레이닝

지은이 송주연
펴낸이 임상진
펴낸곳 (주)넥서스

초판 1쇄 발행 2023년 5월 4일
초판 2쇄 발행 2023년 5월 10일

출판신고 1992년 4월 3일 제311-2002-2호
주소 10880 경기도 파주시 지목로 5
전화 (02)330-5500 팩스 (02)330-5555

ISBN 979-11-6683-467-7 13740

저자와 출판사의 허락 없이 내용의 일부를
인용하거나 발췌하는 것을 금합니다.
저자와의 협의에 따라서 인지는 붙이지 않습니다.

가격은 뒤표지에 있습니다.
잘못 만들어진 책은 구입처에서 바꾸어 드립니다.

www.nexusbook.com

YouTube

네이티브
언어 테라피스트
유튜버 〈잉클〉

영어
발성
트레이닝

원어민 앞에서도
당당하고
자신감 있게 말하기

송주연 지음

넥서스

독자 여러분께

미국 스피치 테라피스트(Speech Therapist)로서 15년 동안 영어로 언어 발달 향상, 발음 교정, 발성 치료를 하며 매우 다양한 케이스를 접해 왔지만 궁극적인 목표는 하나였습니다. 영어로 원활히 소통함으로써 삶의 질을 높이는 것입니다. 목표를 달성하기까지는 꾸준하게 노력하는 것도 중요하지만 가장 첫 번째 요소는 바로 내 영어 목소리부터 제대로 찾아야 합니다. 전세계 모든 언어의 말하기는 발음이 아닌 발성, 즉, 목소리에서부터 시작됩니다. '독일어' 하면 생각나는 익숙한 발성이 있고, '일본어' 하면 생각나는 익숙한 발성이 있듯이 한국어와 영어도 마찬가지입니다.

이미 많은 한국 사람들이 이런 발성의 차이에 대해 본능적으로 인지하고 있기 때문에 영어를 사용할 때는 영어권 원어민 목소리를 흉내 내는 식의 인위적인 소리를 내고 있습니다. 그런데 근본적으로 발성과 구강 근육들을 어떻게 움직여서 영어 소리를 내야 하는지 모르는 채 감으로만 따라 할 뿐입니다. 일시적으로 이런 방법으로 소리를 모방하는 것이 임상방편으로는 도움이 될 수는 있습니다. 유난히 귀로만 듣고도 잘 따라 하는 사람들도 분명 있습니다. 하지만 대부분의 경우에는 남의 목소리를 성대모사하듯 따라만 하고 자신만의 목소리를 찾지 못하게 되면 결국 말하는 사람, 듣는 사람 모두 불편하고, 무엇보다도 목이 불편해서 잘못된 근육과 기관들의 움직임으로 인해 성대에도 무리가 갈 수 있습니다. 결국 영어 자신감을 쌓는 데 전혀 도움이 안 됩니다.

아직 많은 한국분들께서 모르는 것은 내가 이미 가지고 있는 나의 말하기 근육들을 가지고 나에게 맞는 영어 목소리를 찾을 수 있다는 것입니다. 이것을 위해서는 영어의 기본 12 모음 소리들을 통한 근육 훈련을 해야 합니다. 그래야 영어 발성 범위도 더 넓어짐과 동시에 영어 모음에 대한 발음도 더 정확해질 수 있습니다. 제가 유튜브 채널 잉클(English Clinic by Julie Song)을 시작한 이유도 이와 같이 아직 한국에서는 잘 알려지지 않은 훈련법들을 공유하기 위함이고 많은 분들께서 "유레카"를 외치며 영어에 대해 정말 오랫동안 고민하던 부분들에 대한 해결책을 얻고 있습니다. 제 영상에 나온 자료들을 교재로 만들어 사용하는 영어 선생님들을 비롯하여 제 영상 속 예시 문장들을 일일이 필기하여 노트를 만드시며 혼자서 열심히 훈련하시는 분들, 저에게 공부 자료를 요청하신 분들, 더 체계적이고 완전한 학습 및 훈련을 꾸준히 하고 싶으신 분들, 그리고, 아래와 같은 고민을 하고 있는 모든 분들이 이 책을 통해서 희망과 긍정의 메시지를 가지고 영어 말하기에 자신감을 갖기를 바랍니다.

- 특정 모음 소리들은 발음이 잘 안 돼서 특정 단어들을 말하기 꺼려진다.
- 영어로 말할 때마다 목소리가 힘이 없고 자신감이 없게 느껴진다.
- 영어로 말할 때 불필요한 힘이나 텐션이 들어간다.
- 영어로 말할 때 목이 아프거나 성대 결절까지 온 적이 있다.
- 영어로 말할 때 내 목소리가 어딘가 모르게 어색하고 세련되지 못하다.
- 영어로 말할 때 어디선가 들어본 다른 사람의 목소리를 따라 해야 할 것만 같다.
- 영어로 말할 때 내 목소리가 상대방에게 편안하면서, 자신감 있게 들렸으면 좋겠다.
- 영어로 말할 때 영어 특유의 깊은 울림 있는 소리를 내고 싶다.
- 부자연스러운 기교를 부리는 듯한 영어 발음이 너무 듣기 싫다.
- 내 한국어 발성도 마음에 안 드는데 영어 발성은 더 듣기 싫다.
- 그냥 좋은 영어 목소리를 갖고 싶다.

저자 송주연

저자 수업 후기

캐나다로 이민을 와서 영어 발음 향상을 위해 현지의 많은 코칭을 받았고, 그로 인해 어느 정도 개선이 되었습니다. 그런데 근본적인 문제는 여전히 해결되지 않았습니다. 숲을 보지 못하고 나무만 보고 있는 느낌이라고 할까요? 그러던 차에 선생님을 알게 되었고 근본적인 문제가 발성에 있다는 것을 깨달았습니다! 발성으로 접근하는 수업은 영어 발음 수업임과 동시에 저만의 목소리를 찾아 가는 과정이었습니다. 선생님의 풍부한 경험, 인사이트, 그리고 긍정적이고 따뜻한 에너지는 덤! 매주 수업이 기다려진다는 건 정말 신나는 일입니다.

★★★★★ April Park

선생님과의 수업은 실력과 성품을 두루 갖춘 트레이너와 함께 훈련하는 것 같습니다. 한국어에 익숙해진 근육과는 달리 정확한 영어 발성과 발음에 필요한 영어 근육을 길러 줍니다. 지금까지 해 왔던 영어와 완전히 다른 언어를 배우는 생각이 들 만큼 새롭게 느껴졌고, 수업 이후에는 미드를 볼 때 원어민의 말이 더 잘 들리고 이해하게 되었습니다. 선생님의 가르침은 영어 초보자에게는 처음부터 자연스러운 영어 근육을 기를 수 있는 기회를, 영어 중급자에게는 새로운 차원으로 업그레이드할 수 있는 기회를 제공할 것으로 기대가 됩니다.

★★★★★ 김수정

저는 미국에서 20년을 넘게 살면서 영어에 대한 어려움을 수차례 겪었습니다. 나이도 50대여서 내가 지금 시작한다고 해서 발음이 좋아질까 하고 걱정을 많이 했습니다. 네일숍에서 매니저로 일을 하다 보니 좀 더 전문적인 영어로 손님과 대화하고 싶었지만 특유의 한국식 발음으로 인해 불편함이 많았습니다. 그러다가 선생님을 알게 되었고, 효과적이고 흥미로운 수업 방식으로 조금씩 하다 보니 시간 가는 줄 몰랐고, 또한 저의 영어 발성, 발음과 문법, 어휘력까지 향상되었습니다. 지금은 영어에 대한 부담감이 없어졌고 영어로 손님과의 대화가 자연스러워졌습니다. 선생님의 수업을 책으로 만나 볼 수 있게 되어서 너무 기대됩니다.

★★★★★ Chelsea Kim, 미국 네일숍 매니저

저는 그동안 엉뚱하게도 영어를 늘 한국어의 눈으로 보면서 익혀 왔습니다. 영어 발성이 근본적으로 한국어 발성과는 다르다는 기본적인 사실을 영어 공부를 시작한 지 수십 년 만에 깨달았습니다. 매일매일 영어로 삶을 지탱하고 설득하고 일해야 하는 제 미국에서의 삶에 커다란 힘이 된 강의입니다.

★★★★★ Alex Chung , S-Platform LLC 캘리포니아 지사장

저는 준비가 안 된 상태에서 외국에서 일을 하게 되어서 정말 하루하루가 흑역사라고 해도 될 정도로 많은 일들이 있었습니다. 그중에서 가장 스트레스를 받은 건 제가 하는 말을 상대방이 못 알아듣는다는 것이었습니다. 제 성격상 상대방의 그런 반응에 주눅이 들었고 점차 말을 안 하게 되는 날들이 많아졌습니다. 그러다 유튜브 알고리즘의 도움으로 발견한 잉클은 저에게 큰 깨달음을 주었습니다. 수업을 듣고 나서 이전에는 그냥 후루룩 하고 지나갔던 말들이 들리기 시작했습니다. 이제는 저만의 영어 톤과 발성을 찾았고 상대방이 편하게 들을 수 있는 나만의 영어 말하기를 목표로 하게 되었습니다. 수업을 들으면서 머릿속의 영어 발음에 대한 강박적인 생각이 없어지고 정서적으로도 큰 힐링을 얻었습니다.

★★★★★ 고○정, 캐나다 직장인

저는 스피치 테라피스트가 되고 싶어 정말 많은 강사들의 영어 발음 교정 강의를 들었지만 효과가 없었습니다. 그러다가 선생님의 유튜브를 알게 되었고, 좀 더 체계적으로 배워 보고 싶은 마음에 이메일로 연락을 하게 되었습니다. 선생님의 강의는 다른 강의와는 본질적으로 엄청난 차이가 있습니다. 발성부터 시작해서 소리가 안 들리는 원인, 발음이 제대로 안 되는 원인을 하나하나 진단해 주셨습니다. 리스닝과 스피킹은 세트라는 말처럼 이전에는 들리지 않았던 발음들이 들리기 시작했습니다. 물론 발음도 이전과 비교하면 크게 향상되었습니다. 이전과는 다른 제대로 된 교정법을 원하신다면 적극 추천합니다!

★★★★★ 유구원, 자영업

저는 20대 중반에 미국에 와서 20년째 살고 있습니다. 토플, GRE 점수는 좋았지만 영어 듣기와 말하기가 아주 약했습니다. 학위를 마쳤지만, 영어에 대한 부족함은 여전했고, 문제점이 무엇일까 고민하다 그것이 바로 '발음'이라는 것을 알게 되었습니다. 발음은 결국 '근육'의 문제이며, 구강 구조와 미세 근육, 발성 기관에 대한 체계적인 지식을 갖고, 한국어와 영어를 모두 잘 아는 전문가의 코치가 필요하다는 것을 절실하게 느꼈습니다. 그러던 중 유튜브에서 선생님의 영상을 보게 되었고, 지난 20년간 채워지지 않았던 부분에 대해서 제대로 설명해 주는 것을 보고 깜짝 놀랐습니다. 각 음소 발음도 중요하지만, 그 발음의 근간이 되는 '발성'의 중요함을 깨닫게 되었습니다. 한국인 성인이 영어를 배울 때, 특히 듣기와 말하기에 있어서는 선생님 강의를 강력 추천합니다.

★★★★★ Yeonjai Rah, Instructor at the Department of Adult Education at Austin Community College

이 책의 활용법

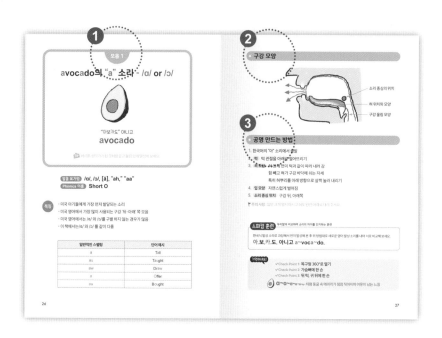

1 영어 12개 모음 학습하기

영어 발성에 기초가 되는 12개의 모음을 학습합니다. 이 책을 통해서 발성 연습을 완벽하게 하기 위해서는 MP3를 활용하며, 유튜브를 통해서 제공되는 저자 동영상 강의와 꼭 함께 학습하는 것을 추천합니다.

2 구강 모양 확인 후 발성 연습하기

발성 연습을 좀 더 쉽게 따라 할 수 있도록 구강 모양을 그림으로 제공합니다. 단순히 입 모양만으로 따라 하기 어렵다면 저자 동영상 강의를 통해서 구강 모양을 좀 더 정확하게 확인해 보세요.

3 단계별 학습

발성은 크게 말하는 연습을 반복해서 해야 효과적입니다. 기초부터 연습할 수 있도록 단계별로 확장하는 방식으로 구성했습니다.

목차

MP3 듣는 방법

 ## 스마트폰에서 확인할 때

발성 연습의 이해를 돕고자 본문의
전문 MP3를 2가지 버전으로 제공합니다.

1. 끊어 읽기에 특화된 전문 성우 버전 Step 1~3
2. 자연스럽게 연음을 살린 저자 버전 Step 1~4

> 스마트폰으로 QR코드를 인식하면
> MP3를 바로 들을 수 있습니다.

MP3

컴퓨터에서 다운받을 때

넥서스 홈페이지(www.nexusbook.com)에서 도서명으로 검색하시면,
회원 가입 없이 바로 무료로 다운받을 수 있습니다.

저자 강의 듣는 방법

저자 유튜브
〈잉클 English Clinic〉

저자 유튜브에 방문하면 저자 동영상 강의 및 추가 학습 콘텐츠를 확인할 수 있습니다. 본 교재는 저자 동영상 강의 활용할 경우 가장 효과적으로 학습할 수 있습니다.

저자 유튜브

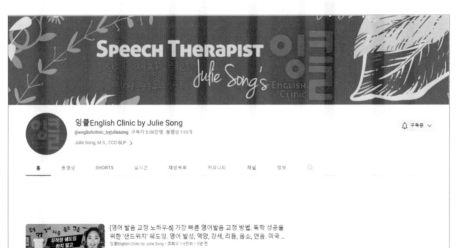

발성 근육을 만드는 영어 모음

영어로 말을 제대로 하려면 영어에 맞는 특정 근육이 움직여야 합니다. 그런데 우리나라 사람들은 대부분 영어를 공부로만 생각해서 이런 특정 근육을 움직일 기회가 거의 없었고 자연스럽게 매우 불편하고 어색하게 생각합니다. 그래서 눈으로 영어로 된 문장을 보면 뜻을 이해하고, 영어로 어떤 말을 하고 싶은지 머리로는 알겠는데 입 밖으로 말이 잘 나오지 않고, 결국에는 자신감도 잃게 됩니다. 마치 새로운 운동을 배우는 것처럼 머리로는 이해하지만 몸이 잘 따라와 주지 않는 것과 같은 이치입니다. 왠지 위축이 되니 근육이 더욱 굳어버립니다. 몸으로 운동을 할 때에는 필요한 근육들이 그나마 눈으로 보이기라도 해서 어느 정도 보면서 따라 해 볼 수 있지만 눈에 잘 보이지 않는 발성과 발음 근육은 그마저도 쉽지 않습니다. 그래도 입과 턱의 움직임은 어느 정도 보이니 조금은 따라 할 수 있는데 아무리 따라 해도 원하는 소리가 나오지 않아서 답답한 경우가 많은 것입니다.

"영어로 말할 때 불필요한 힘이 계속 들어가고 흉내만 내려다가 목소리는 더 부자연스러워지고 목까지 아픕니다", "소리만 듣고도 잘 따라 하는 사람들도 있는 것 같은데 왜 저는 안 될까요?", "내 영어 목소리도 싫고 발음도 정말 못 들어주겠습니다"와 같은 고민을 그동안 정말 많이 들어 왔습니다. 한번이라도 이런 고민을 해 본 적이 있다면 가장 먼저 체계적인 영어 근육 운동이 필요합니다. 해부학적으로 인간이 말하기를 위해 사용하는 근육들은 언어에 상관없이 모두 똑같지만 한국어로 말할 때 사용되는 근육의 움직임과 영어로 말할 때 사용되는 근육의 움직임은 많이 다릅니다. 운동 중에서도 수영에 비유하자면 똑같이 '수영을 잘하는 사람' 중 나는 자유형만 할 줄 아는 상태에서 다른 사람이 배영을 하는 것을 보고 따라 해 보려고 하는데 그 자세가 잘 안 나오고 심지어 계속 물속으로 가라앉는 것과도 같습니다. 정확하게 어떤 근육들을 언제, 어떻게, 얼마만큼 움직여야 하는지 방법을 제대로 배워야 올바른 배영의 멋진 자세와 속도까지 나옵니다. 방법을 모르고 무작정 따라 하는 것은 해결책을 모른 채 계속 흉내만 내는 것이기에 특정 운동에 대한 자세도 제대로 나오지도 않고 효과가 없어 자신감이 생기기 어렵습니다. 대신 정확한 방법을 배우고 운동을 하게 되면 해결책을 알고 훈련하는 것이니 꾸준히만 한다면 원하는 결실을 맺게 되고 자신감이 생기는 것은 당연한 것입니다.

2011년과 2012년에 영어 발음이 네이티브 수준인 독일인들과 그렇지 못한 독일인들의 뇌 활성화를 fMRI로 측정한 연구가 있었습니다. 모든 참여자들은 언어학에서 흔히 말하는 '결정적 시기(critical period)'를 지나서 영어를 배우기 시작한 성인들이었습니다. 2011년에는 영어 초급자들을 대상으로 연구 (Reiterer, Hu, Erb, Rota, Nardo, Grodd, Winkler & Ackermann, 2011)하였고 2012년에는 영어 고급자들을 대상으로 연구(Hu, Ackermann, Martin, Erb, Winkler & Reiterer, 2012)하였는데 모두 공통적으로 주로 사용한 뇌 영역은 바로 언어 운동과 관련된 뇌 영역이었다고 합니다. 물론 음성학적인 이해와 기억, 그리고 청각지각 영역도 활성화되었지만 더 많이 사용된 영역들은 근육의 움직임을 담당하는 뇌 영역이었다는 것입니다. 더 흥미로운 것은, 2011년 연구에 의하면 영어 발음이 좋다고 평가된 사람들일수록 이런 언어 운동 영역들이 덜 활성화되었다는 것입니다. 즉, 덜 열심히 노력해도 말할 때 사용하는 근육들이 더 효과적으로 움직여 더 좋은 영어 발음을 낼 수 있다는 것입니다. 처음에는 많은 노력이 필요하지만 영어 발음이 습관화될수록 근육 기억이 뇌의 더 깊은 회백질이라 불리는 곳에 자리 잡게 되어 이에 대해서 특별하게 신경을 쓰지 않아도 자연스럽게 소리가 나온다는 것입니다.

소리를 낸다는 것은 근육을 움직이는 것입니다. 근육을 많이 움직여 본 사람이 더 쉽게 잘 움직이게 됩니다. 이 책의 목적은 첫째, 여러분의 '영어 근육'의 shape(모양)을 만들어 드리고 둘째, 반복적인 훈련을 통하여 '영어 근육'의 움직임이 편해지도록 도와드리는 것입니다. 제 유튜브에서도 언급했지만 제가 수강생들에게 늘 하는 얘기가 있습니다. 몸의 대근육을 운동시키면 몸의 변화가 보이고, 구강의 소근육을 운동시키면 소리의 변화가 들린다. 어느 다른 운동과 마찬가지로 영어 근육을 만들 때에도 기초 운동이 있고 심화 운동이 있습니다. 그 기초 운동이 바로 발성 운동입니다. 전 세계적으로 아기들이 처음 태어났을 때 발음보다 울음과 옹알이 등을 통해서 발성 근육을 먼저 연습하게 되는 것도 똑같은 원리입니다. 이런 원초적인 소리들은 대부분 모음으로 이루어져 있으며 정확한 자음 소리를 내기 전에 점점 모국어와 가까운 모음 소리를 먼저 내며 말할 때에 필요한 기관들과 수많은 근육들이 준비되기 시작하는 것입니다.

여러분도 영어의 가장 기본이 되는 12 모음을 훈련함으로써 '영어 근육'을 만들 수 있습니다. 여느 운동처럼 쉽지는 않지만 한번 제대로 배워 놓으면 몸이 기억하기 때문에 언제든 필요할 때 사용할 수 있게 됩니다. 또한, 이렇게 발성 훈련을 올바르게 하면 전체적으로 영어 목소리가 더 듣기 좋아질 뿐 아니라 발음까지 정확해집니다. 영어로 말할 때 상대방이 말을 못 알아들을 때에도 모음의 차이 때문인 경우가 많습니다. 다음 문장을 먼저 큰 소리로 읽어 보세요.

- I'm so fool (full).
- We went to the bitch (beach).
- One shit (sheet) of paper.
- I love my bad (bed).
- Toll (tall) coffee, please.

이 말을 할 때 상대방이 말을 잘 알아들을 수 있을까요? 아무리 더 큰 소리로 또박또박하게 다시 말해 봐도 여전히 못 알아듣습니다. 이런 현상을 단순히 '발음'의 문제라고 생각하지만 사실은 '발성'이 더 큰 몫을 합니다. 지금 바로 한국어로 "아~~"를 해 보세요. 방금 한국어의 'ㅏ' 모음을 통한 발성을 한 것입니다. 이런 발성을 이제 영어 모음으로 하는 법을 배우면 됩니다. 영어의 가장 기본이 되는 12모음을 구강 근육에 장착하게 되면 말할 때마다 차원이 다른 발성이 울려 퍼지기 시작하고 전체적인 영어 소리와 발음이 더 좋게 들리는 현상을 경험할 것입니다.

이렇게 발성은 발음에 직접적인 영향을 주어 전체적인 말소리를 좌우하게 됩니다. 우리말도 목소리 좋은 사람의 말소리가 더 좋게 들리는 이유이지요. 발성이 제대로 잡히면 발음도 정확해집니다. 그래서 영어를 제대로 소리 내려면 제대로 된 발성법부터 배워야 합니다. 쉐도잉, 회화, 시험, 면접, 미팅, 낭독, 발표 등 이 모든 영어 공부의 영역에 날개를 달아 줄 요소는 입을 열자마자 들리는 멋진 영어 발성입니다. 그리하여 본 교재에서는 '영어 발음 교정'의 필수 요소들인 발성(모음), 정확성(자음 음소, 단어 강세), 유창성(연음, 리듬, 억양, 비언어적 요소들)

중 모든 소리의 요소들을 얹고 굴러가는 가장 근본적인 소리 발성을 다룹니다.

지난 2013년에 태어난 지 30시간밖에 되지 않은 갓난아기들을 대상으로 한 흥미로운 연구가 진행된 적이 있습니다. (Moon, Lagercrantz & Kuhl, 2013). 모국어의 소리를 다른 언어의 소리와 구별할 수 있는지 실험하는 연구였는데 결론부터 말하자면 이 아기들이 모국어 소리를 구별할 수 있었다는 것입니다. 태어난 지 몇 시간밖에 되지 않은 아기들에게 도대체 어떤 소리를 들려주었던 것일까요? 바로 모음 소리였습니다. 즉, 아기들이 본능적으로 익숙하다고 느꼈던 언어의 소리는 그 언어의 모음값, 즉 발성의 울리는 소리의 범위를 통해 구별을 할 수 있었다는 것입니다. 그리고 각 언어는 다른 모음값을 가지고 있다는 결론을 내릴 수 있습니다.

그렇다면, 영어와 한국어의 모음값은 정확히 어떻게 다르고 이 차이는 두 언어의 발성에 어떤 영향을 미칠까요? 한국어의 모음은 구강에서 역삼각형의 구조를 이룬다면 영어의 모음은 구강에서 사각형의 구조를 이룹니다. 각 언어마다 사용하는 이런 모음 궤도는 혀의 모양과 자세를 나타냅니다. 이런 혀의 shaping(모양 잡음)에 따라 구강에서 울리는 소리가 바뀌게 되는 것이고 영어는 한국어와 달리 구강 내에서 더 넓은 범위로 혀가 움직이기 때문에 더 넓은 공간을 사용하며 소리가 더 울리는 것입니다. 즉, 결론적으로 모음은 구강 울림의 모양입니다. 그리고 이것이 전체적인 영어 발성을 좌우합니다. 영어권 원어민들이 영어로 한마디만 해도 한국인들보다 더 넓은 공간 내에서 울리고 모양이 다른 모음값을 사용하기 때문에 소리 자체가 더 풍부하고 '영어답게' 들립니다. 거기다가 두세 마디 계속해서 단어들이 이어질 때에는 이런 모음들이 각종 자음들과 어우러지면서 자연스럽게 울림소리가 처음부터 끝까지 연결되어 연음으로 유지됩니다. 발성이 끊기면 연음도 제대로 이루어질 수 없습니다. 이 교재에서는 단순히 입, 혀 등 구강 구조의 모양뿐만이 아닌 12모음의 구강 울림의 모양에 대해서도 최대한 표현하고 있으니 꼭 인지하시며 연습하는 것이 중요합니다.

영어 목소리를 위한 3가지 필수 조건

영어권 원어민들의 목소리에서는 특별한 울림이 있다고 느껴 본 적 있나요? 이렇게 '익숙한' 영어 소리에는 영어 모음 특유의 울림이 큰 역할을 하고 여러분도 충분히 이런 소리를 낼 수 있습니다. 영어 모음의 정확하고 풍부하게 울리는 발성을 위해서는 다음 3가지 조건이 반드시 충족되어야 합니다.

✓ Check Point 1: 360° 목구멍 열기 (Open Throat)
✓ Check Point 2: 가슴 발성 위치 (Vocal Placement)
✓ Check Point 3: '동굴' 구강 공명 (Oral Resonance)

각각 차례대로 이해해 나가며 나만의 영어 구강을 만들면서 내가 이미 가지고 있는 나만의 목소리와 근육들을 사용하여 영어 발성이 나오는 신기한 경험을 해 볼 것입니다.

✓ Check Point 1: 360° 목구멍 열기 (Open Throat)

본격적인 연습에 들어가기 전에 매우 중요한 한 가지 주의 사항이 있습니다. 힘을 빼야 목구멍이 열리고 목구멍이 열려야 울림소리가 가능합니다. 목에 힘을 주는 순간 성대가 조여지며 울림이 끊기고 결국에는 목만 아프게 됩니다. 그러니 목구멍이 조여지지 않은 채로 앞, 뒤, 옆, 360° 열려 있는 느낌으로 발성해야 합니다. 이 느낌의 감이 잘 오지 않는다면 하품을 해 보세요. 숨이 몰아서 나올 때의 목구멍이 스트레치되는 듯한 느낌이 바로 목구멍이 360° 열린다는 것입니다.

> ✓ Check Point 1 **360° 목구멍 열기 - 목에 힘 빼고 훈련하기**
>
> • 하품을 해 본다.
> • 하품을 하며 숨을 몰아 내쉴 때 시원하게 "Ah~~~~" 소리를 내 본다.
> • 다음 소리는 "Ah-ha~~~!"

- 계속 반복한다. (x10) 목에 다시 힘이 들어가고 목구멍이 닫히지 않게 주의하며.
- Ah-ha~ (x5)
- Ha (x5)
- Who (x5)
- Hoe (x5)
- Ham (x5)
- Hee (x5)
- Him (x5)
- Hey (x5)
- 윗가슴 뼈 위에 한 손을 올리고 다음 단계로 넘어감.

✓ Check Point 2: 가슴 발성 위치 (Vocal Placement)

이미 앞에서 "Ah-ha!"라고 말했을 때 가슴뼈에서 울림이 느껴지는 분들이 많았을 것입니다. 목구멍을 열면 공간이 아래위로 뚫리고 그렇게 공간이 생기면 소리는 열린 공간을 타고 아래 위로 저절로 울려 퍼지면서 가슴까지 깊게 내려오게 됩니다. 몸체를 악기의 울림통처럼 사용하는 것입니다.

계속 가슴뼈에 한 손을 대고 연습할 것입니다. 다음 소리를 따라 하면서 내가 낼 수 있는 가장 편안한 저음까지 내려와 봅니다. 목소리가 갈라지기 시작하거나 목소리 내는 것이 불편해지기 시작하면 너무 많이 내려갔다는 신호입니다. 이렇게 내가 가장 편안하고 파워풀하게 느껴지는 저음대에서 나의 Optimal Pitch(가장 이상적인 음)를 찾아봅니다. 영어에는 intonation이 항상 있기 때문에 항상 이 음으로만 일정하게 말할 것은 아니지만 영어 발성의 가장 이상적인 base tone을 찾는 것입니다. 영어 목소리의 Base tone은 걸을 때 땅과 같은 역할을 하며 우리의 스피킹에 안정감을 줍니다. Base tone을 확실히 인지하고 나면 그 이후에는 다양한 intonation을 사용하며 톤이 높이 올라가더라도 다시 안정적으로 '땅'에 목소리가 안착할 수 있는 것입니다.

> **✔Check Point 2** **가슴 발성 위치 - 가슴뼈에 손을 대고 훈련하기**
>
> 1. Mmmmmaaaaa (x5)
> 2. Mmmmmehhhh (x5)
> 3. Mmmmmeeeee (x5)
> 4. Mmmmmuhhhh (x5)
> 5. Mmmmmooooo (x5)

✔ Check Point 3: '동굴' 구강 공명 (Oral Resonance)

앞으로 계속 언급하겠지만 가장 자연스러운 영어 발음은 억지로 힘을 주며 소리를 크고 강하게 내는 것이 아닙니다. 그래서 힘부터 빼야 합니다. 목구멍을 텐션 없이 열고, 가슴에서부터 목소리가 울려 퍼져서 구강으로 소리가 올라왔다면 이제 마지막 한 가지만 남았습니다. 바로 구강이 동굴이라고 상상하는 것입니다. 사각형 모양(shape)으로 나의 발성이 동굴 속 메아리처럼 구강 안에서 울려 퍼질 것입니다. 이것이 바로 Oral Resonance(구강 공명)입니다. 처음에는 어색하고 어려워도 반복 훈련하다 보면 어느새 체화되기 시작할 것입니다. 이것이 바로 drill 훈련의 매력입니다. 불가능하다고만 생각했던 나의 어색한 영어 목소리가 점점 네이티브들에게서 들려오던 '익숙한' 영어 목소리로 변신하게 됩니다.

✔Check Point 3 **'동굴' 구강 공명 - 귀 뒤, 뒤 턱에 손을 대고 훈련하기**

입 안은 동굴이라는 느낌을 극대화하기 위해서 한쪽 손은 이제 입 앞에 확성기처럼 대 주세요. 다른 손은 귀 뒤와 뒤 턱에 살짝 올려 놓으세요. 그리고 아래 소리들을 함께 내봅니다. 처음에는 성악을 한다는 느낌으로 소리를 내보세요.

1. 영어 "aaaaahhhhh"
2. 한국어 "아"
3. 영어 "aaaaahhhhh" (x3)

4. 영어 "uuuuhhhhh"
5. 한국어 "어"
6. 영어 "uuuuuhhhhh" (x3)

한국어로 비슷한 모음 소리를 내보며 영어 공명과 대조해 보았습니다. 두 소리의 차이가 느껴지나요? 눈을 감으면 더 잘 느낄 수 있습니다. 오로지 소리와 구강 내의 울리는 느낌에만 집중해 봅니다. 그 소리의 차이가 들리고 그 느낌이 느껴질 때까지 계속 반복 연습하고 다음 챕터로 넘어갑니다. 이렇게 목소리를 제어할 수 있게 되어서 내 몸을 악기처럼 사용할 수 있게 되면 흔히 말하는 "Music of English"라는 소리를 내는 데 필요한 기반이 생기게 됩니다.

이제 곧 본문에서 본격적으로 영어 발성 훈련을 시작합니다. 영어의 기본 12개의 모음별로 훈련합니다. 먼저, 모음 소리 자체를 shaping해 본 후 단어 레벨에서 사용해 봅니다. 그 다음에는 문장과 문단 발성 훈련을 통하여 의미 단위로 단어들을 Chunking하여 끊어 읽어 볼 것입니다. 이렇게 말하는 훈련은 전달력과 영어 리듬을 발전시킬 것입니다. 자연스럽게 연음도 사용하게 됩니다. 다양한 영어 필수 표현, 이디엄, 격언, 유명 책의 글귀들을 통하여 스피킹을 위한 '영어 근육'을 만들 것입니다. 교과서적인 영어 발음이 아닌 실제 사용되는 영어 발음으로 함께 발음해 봅니다. 저와 같은 미국 speech-language pathologist가 실제로 1:1 발성 / 발음 교정할 때 사용하는 과학적이고 체계적인 방법으로 한국식의 또박또박 끊기는 영어 소리가 아닌 부드럽게 굴러가는 영어 소리를 구강 근육의 장기 기억에 각인시킴으로써 여러분의 영어를 '변신'시키기 위한 훈련을 시작하겠습니다.

호흡법

네이티브들은 영어 스피킹을 할 때 늘 '복식 호흡'을 사용하며 배에 힘을 주거나 꿀렁거리며 말하지 않습니다. 제가 수년간 네이티브들을 코칭하고 치료해 봤지만 그중에서 특별히 운동을 전문적으로 하거나 성악을 하시는 분처럼 별도로 호흡법을 배운 분들을 제외하고 일반인 중에서 복식 호흡이나 횡격막 호흡을 제대로 하는 것을 본 적이 없습니다. 그냥 말할 때 필요한 만큼 호흡을 하고 더 길게 말해야 하거나 더 큰 소리로 말해야 할 때만 직관적으로 호흡을 더 크게 들이마시게 됩니다. 이 책을 통하여 훈련하다 보면 몸이 자연스럽게 호흡 포인트를 찾게 될 것입니다. 호흡에 너무 신경 쓰다 보면 말하기가 더 힘들어지고 갑자기 많이 들이마시는 산소로 인하여 어지럼증을 호소하는 분들도 있습니다. 그렇기 때문에 여러분들도 우선 평소 말할 때의 자연스러운 호흡법으로 준비해 주세요.

그렇지만, 분명 이상적인 호흡법은 있습니다. 바로 횡격막 호흡입니다. 이 호흡법은 발성에 힘을 더 실어 줍니다. 그냥 일상 대화에서는 굳이 목소리에 지속적인 힘을 실어 발성할 필요가 없지만 사람들 앞에서 영어를 많이 사용하는 분들이나 연설, 발표 등을 하는 분들은 호흡 훈련도 함께 병행하길 추천 드립니다.

기본적으로 말할 때 횡격막 호흡을 사용하는 것이 가장 이상적입니다. 비록 대부분의 네이티브들도 횡격막 호흡법을 항상 사용하는 것은 아니지만, 안정되고 힘 있는 목소리가 반드시 필요한 환경에서는 횡격막 호흡법을 사용할 줄 아는 것이 도움이 됩니다. 횡격막 호흡을 하기 위해서는 먼저 횡격막의 움직임을 인지하는 것이 중요합니다. 횡격막도 역시 근육이며 우리의 배의 장기들을 가슴쪽 장기들과 분리해 줍니다. 이 책에서는 호흡할 때 코로 숨을 들이마시고 입으로 내쉬는 방법으로 훈련합니다. 앉아서 횡격막을 인지하려는 경우 양 손을 양 갈비뼈 위에 놓고 폐를 부풀린다는 느낌으로 숨을 들이마셔 보세요. 횡격막이 내려가면서 폐에 공기로 차오르게 되고 갈비뼈가 넓게 퍼지는 느낌과 함께 배가 나오는 것을 볼 수 있습니다. 이때 윗가슴 뼈와 어깨가 많이 움직이지 않게 주의합니다.

　　누워서 횡격막 호흡의 움직임을 인지하려는 경우 횡격막 부위 위에 가벼운 책을 두고 들숨에 책이 위로 움직이고 날숨에 책이 다시 내려오도록 합니다. 한쪽 손은 책을 잡고 다른 손은 가슴뼈에 놓고 윗가슴쪽보다는 배가 주로 움직이도록 합니다. 이때 배의 근육을 사용하여 배를 부풀리는 것이 아닌 폐를 부풀린다는 느낌으로 숨을 들이마십니다. 횡격막이 내려가면서 배의 장기들을 눌러서 배가 나오는 것입니다. 복근을 인위적으로 꿀렁꿀렁 움직이는 것은

올바른 호흡법이 아닙니다. 횡격막 호흡이 익숙해졌다면 다음에는 본격적으로 호흡을 이용한 발성 훈련을 시작합니다.

횡격막의 힘과 조절력 키우기 훈련

1. 코로 3초 들숨, 6초 날숨
2. 코로 3초 들숨, 6초 날숨
3. 코로 4초 들숨, 8초 날숨
4. 코로 5초 들숨, 10초 날숨
5. 코로 6초 들숨, 12초 날숨
6. 코로 6초 들숨, 날숨에 /s/ 발음 가능한 시간만큼 유지
7. 코로 6초 들숨, 날숨에 /m/ 발음 가능한 시간만큼 유지
8. 코로 6초 들숨, 날숨에 "avocado"의 /ɑ/ 발음 가능한 시간만큼 유지

횡격막 호흡 사용하며 스피킹하는 훈련

1. 코로 필요한 만큼 들숨, 영어로 1-20까지 소리 내어 말하며 4 숫자마다 호흡 다시 채우기
2. 코로 필요한 만큼 들숨, 영어로 1-20까지 소리 내어 말하며 5 숫자마다 호흡 다시 채우기
3. 코로 필요한 만큼 들숨, 영어로 1-20까지 소리 내어 말하며 10 숫자마다 호흡 다시 채우기
4. 코로 필요한 만큼 들숨, 영어로 30-39까지 한숨에 다 말하기
5. 코로 필요한 만큼 들숨, 영어로 40-49까지 한숨에 다 말하기
6. 코로 필요한 만큼 들숨, 영어로 50-59까지 한숨에 다 말하기
7. 코로 필요한 만큼 들숨, 영어로 60-69까지 한숨에 다 말하기
8. 코로 필요한 만큼 들숨, 영어로 30-80까지 소리 내어 말하며 10 숫자마다 호흡 다시 채우기

위 훈련을 마치셨다면 영어를 어느 정도 연결하여 말하고 싶을 때 얼마만큼의 숨이 필요하고 스피킹할 때 얼마만큼씩 조절하여 사용해야 하는지 인지하기 시작했을 것입니다. 숨을 충분히 들이마시고 길게 한 번에 말할 때는 숨을 아껴 써야 하는 느낌을 받을 것입니다. 그럼 들숨과 날숨의 호흡 양을 조절하며 아래의 시를 횡격막 호흡을 사용하며 읽어 보겠습니다.

1. 코로 필요한 만큼 들숨, 한 줄씩 말할 때마다 호흡 다시 채우기
2. 코로 필요한 만큼 들숨, 두 줄씩 말할 때마다 호흡 다시 채우기
3. 코로 필요한 만큼 들숨, 네 줄씩 말할 때마다 호흡 다시 채우기

I made myself a snowball
As perfect as could be.
I thought I'd keep it as a pet
And let it sleep with me.
I made it some pajamas
And a pillow for its head.
Then last night it ran away,
But first it wet the bed.

— Shel Silverstein

호흡 훈련을 더 하기 원하는 분께서는 이 책의 문단 레벨 글들을 위와 같이 한 호흡으로 점점 길게 말하는 연습을 해 보세요. 필요에 따라 볼륨도 점점 높여 보면서 훈련해 보는 것도 도움이 됩니다. 또한, 계속해서 영어로 낭독, 혼잣말, 회화 연습을 할 때에 이제는 호흡 조절과 함께 스피킹을 연습하면 더욱 횡격막 호흡이 자연스럽게 체화될 것입니다.

12 모음
훈련 시작

---

1 본 교재에서는 IPA(International Phonetic Alphabet) 발음 기호가 익숙하지 않으신 분들을 위하여 우리가 흔히 외래어로 접할 수 있는 음식 이름에 나오는 발음들로 소리를 설명합니다(예: avocado의 "a"). IPA를 사용하며 영어 공부를 하시는 분들을 위하여 발음 기호도 함께 제시했습니다(예: avocado의 "a" - /ɑ/ or /ɔ/).

2 본 교재를 학습하면서 청각 구별력이 생기면 꼭 발음 기호를 익히지 않아도 영어 소리만 듣고도 어떤 모음인지 알 수 있게 됩니다. 하지만 그때까지는 대부분의 사전과 교재가 IPA 발음 기호를 사용하고 있기 때문에 발음 기호를 눈으로 익혀 놓는 것도 도움이 됩니다.

3 본 교재에서는 학습의 이해를 돕고자 대표 과일과 채소 등의 단어로 표현하였습니다. 이런 대표 단어를 바탕으로 발성 연습을 하면 좀 더 친근하고 쉽게 발성 연습을 할 수 있습니다.

"아보카도" 아니고
avocado
바리톤 성악가가 된 것처럼 깊고 울림 있게 발성해 보세요.

"어니언" 아니고
onion
입안이 얼얼한 것처럼 힘을 빼고 발성해 보세요.

"쿠키" 아니고
cookie
입에 도톰한 쿠키를 물고 "크크~" 하는 느낌으로 발성해 보세요.

"머쉬룸" 아니고
mushroom
혀 뒤쪽을 특히 위로 볼록 올려서 발성해 보세요.

"망고" 아니고
mango
구강에서 동굴처럼 한참을 메아리 울리다가 끝까지 여운이 남는 느낌으로 발성해 보세요.

"애플" 아니고
apple
혀 앞쪽에만 살짝 힘을 주어 혀 전체를 내리면서 빈틈없이 소리로 구강을 꽉 채우는 느낌으로 발성해 보세요.

"레몬" 아니고
lemon
혀에서 힘을 완전히 다 뺀 느낌을 유지하며 깊게 발성해 보세요.

"빈" 아니고
bean
혀 전체를 입천장에 최대한 가까이 바짝 올려서 발성해 보세요.

"펌킨" 아니고
pumpkin
혀 전체를 최대한 구강 아래쪽으로 내리면서 깊고 길게 소리 내는 느낌으로 발성해 보세요.

"바나나" 아니고
banana
혀를 포함한 구강 전체에 모두 힘을 다 풀고 앞뒤 소리 사이에서 미끄러지듯 발성해 보세요.

"포테이토" 아니고
potato
lemon의 /e/로 시작했다가 곧바로 bean의 /i/ 소리로 혀 모양을 변신시키는 느낌으로 발성해 보세요.

"파인애플" 아니고
pineapple
avocado의 /ɑ/에서 바로 부드럽게 bean의 /i/ 소리로 연결되는 느낌으로 발성해 보세요.

avocado의 "a" 소리 - /ɑ/ or /ɔ/

"아보카도" 아니고
avocado

 TIP 바리톤 성악가가 된 것처럼 깊고 울림 있게 발성해 보세요.

발음 표기법 /ɑ/, /ɔ/, [ä], "ah", "aa"
Phonics 이름 **Short O**

 특징
- 미국 아기들에게 있어 가장 먼저 발달되는 소리
- 미국 영어에서 가장 많이 사용되는 구강 '뒤-아래' 쪽 모음
- 미국 영어에서는 /ɑ/ 와 /ɔ/를 구별하지 않는 경우가 많음
- 이 책에서는 /ɑ/와 /ɔ/를 같이 다룸

일반적인 스펠링	단어 예시
a	Tall
au	Taught
aw	Draw
o	Offer
ou	Bought

구강 모양

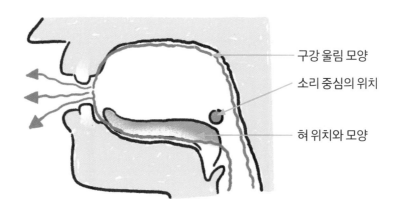

구강 울림 모양

소리 중심의 위치

혀 위치와 모양

공명 만드는 방법

1. 한국어의 "아" 소리에서 출발

2. 턱 턱 관절을 아래로 떨어뜨리기

3. 혀 모양 혀 전체 면이 턱과 같이 따라 내려 감

    힘을 빼고 혀가 구강 바닥에 쉬는 자세

    특히 혀뿌리를 아래 방향으로 살짝 눌러 내리기

4. 입 모양 자연스럽게 벌어짐

5. 소리 중심 위치 구강 뒤, 아래쪽

🏴 주의 사항 : 입만 크게 열지 마시고 혀를 완전히 아래로 내려 주세요.

스피킹 훈련 우리말과 비교하며 소리의 차이를 인지하는 훈련

한국식 발성 소리로 과장해서 먼저 발성해 본 후 위 방법대로 새로운 영어 발성 소리를 내며 서로 비교해 보세요.

아.보.카.도. 아니고 a~voca~do.

기억하세요!

✔Check Point 1: 목구멍 360°로 열기

✔Check Point 2: 가슴뼈에 한 손 올리기

✔Check Point 3: 뒤 턱, 귀 뒤에 한 손 올리기

 α~α~α~α~α~α~ 처럼 동굴 속 메아리가 점점 작아지며 여운이 남는 느낌

1. 한국식 단어 발성 (x1)

2. 이상적인 영어 단어 발성 (x2)

※ 아래의 빨간 글씨는 모두 "avocado"의 "a" - /ɑ/ or /ɔ/ 모음으로 과장되게 발음해 주세요. 각 단어의 스펠링을
   그대로 보존하여 보이는 글자와는 사뭇 다른 영어 모음 소리를 인지할 수 있게 해 주는 훈련입니다.

단어 앞 자리					
All	Off	On	Almost	Always	Auction
August	Author	Auto	Office	Often	Olive
Option	Audio	Automatic	Audience	Awesome	Avocado
단어 끝 자리					
Awe	Claw	Draw	Flaw	Jaw	Law
Paw	Spa	Saw	Straw	Seesaw	Withdraw
단어 중간 자리					
Ball	Balm	Block	Blog	Boss	Bought
Box	Brought	Call	Calm	Caught	Clock
Cost	Cough	Crop	Cross	Dog	Drop
Fall	Floss	Fond	Font	Fox	Frog
Golf	Gone	Got	Hot	Job	Jog
Lawn	Lock	Long	Log	Loss	Lost
Lot	Mall	Not	Knock	Palm	Pause
Pot	Rock	Salt	Sauce	Shock	Shop
Small	Socks	Soft	Song	Stop	Strong
Swan	Talk	Tall	Taught	Thought	Top
Toss	Walk	Wall	Want	Wash	Watch
Wrong	Yacht	Yawn	Along	Ballroom	Baseball
Belong	Beyond	Borrow	Coffee	Comment	Concept
Contact	Daughter	Doctor	Father	Faucet	Foggy
Follow	Model	Possible	Problem	Salon	Sorry
Toddler	Conference	Overall	John	Paul	Josh

1. 한국식 발성으로 또박또박 단어 하나씩 읽기 (x1)
2. **끊어 읽기** 표시(/)를 확인하며 끊어 읽기 (x2)
3. 완전히 마스터할 때까지 반복 훈련하기

※ 모음 발성 교정을 도와주는 텅 트위스터(Tongue Twister) 식의 훈련입니다. 영어 리듬의 감도 훈련할 수 있도록 가장 일반적인 리듬의 단위로 끊어 읽기 표시를 하였습니다. 이렇게 끊어 읽기 단위로 훈련하는 것이 익숙해지면 다음 단계에 도전해 보세요.

1	a. Long song b. The long song / was on. c. The long song / was on often / in the salon.
2	a. Confident response b. Respond / with confidence. c. Tom promised / to respond / with confidence.
3	a. Falling ball b. The ball is falling / down the hall. c. The ball is falling / down the hall / at the big mall.
4	a. Opera volume b. The volume was loud / at the opera. c. The volume / of the aria / was loud / at the opera.
5	a. Lost object b. A lost object / is in my pocket. c. I thought I found / a lost object / in my pocket.
6	a. Boss coffee b. John's boss / got coffee. c. John's boss / got a tall hot coffee / at the coffee shop / down the block.

7	a. Hot August b. It's hot / in August. c. It's hot / in August, / but it's not hot / in October.
8	a. Drop comic b. The police officer /dropped the comic book. c. The tall police officer / dropped the small comic book.
9	a. Modern robots b. Modern robots / were modeled. c. Modern robots / were modeled / at the Toronto hospital.
10	a. Product coupons b. Mom / bought products / with coupons. c. My mom / only bought products / with discount coupons.
11	a. Lobby audition b. The audition / was in the lobby. c. The audition / for a popular comedy show / was in the lobby.
12	a. Draw with straw b. How to draw / with a straw c. The father / taught the toddler / how to draw / with a straw.
13	a. Sorry offer b. Sorry / for not offering / olive oil. c. Sorry / for not offering / olive oil / as an option / for the sauce.
14	a. Awesome author b. The awesome author / sang a song. c. The awesome author / sang a rock-n-roll song / with his daughter.

15	a. Common shopping
	b. It is common / to go shopping / for chocolate.
	c. It is common / to go shopping / for chocolate / during the holidays.
16	a. Doctor comment
	b. The doctor / made a comment.
	c. The doctor / made a comment / during a conference call / at his office.
17	a. Solid concrete
	b. Monuments / are made with / solid concrete.
	c. Monuments / are made with / solid concrete / in metropolitan areas.
18	a. Golfer apologized
	b. The golfer / apologized / for drinking alcohol.
	c. The golfer / apologized / for drinking alcohol / at the golf tournament.
19	a. Restaurant process
	b. The restaurant / had a process.
	c. The restaurant / had a complicated process / for ordering / combination omelets.
20	a. Bodyguard monitor
	b. The bodyguards / monitored the concert.
	c. The bodyguards / monitored the concert / for audience members / dressed in monster costumes.

1. 눈으로 읽으며 따라 말하기 (x2)

2. 읽지 않고 귀로 듣기만 하고 따라 말하기 (x2)

3. 문장 외워서 혼자 말하기 (x2)

※ 아래의 빨간 글씨는 모두 "avocado"의 "a" - /ɑ/ or /ɔ/ 모음으로 과장되게 발음해 주세요. 각 단어의 스펠링을 그대로 보존하여 보이는 글자와는 사뭇 다른 영어 모음 소리를 인지할 수 있게 해 주는 훈련입니다.

Common Expressions

1	Got it.	잘 알겠습니다. 이해했습니다.
2	Come on.	(억양에 따라) 어서 가자. 어서 해 봐. 이건/그건 아니지.
3	I'm sorry.	죄송합니다.
4	I'll stop by.	잠시 들를게요.
5	I'm not sure.	글쎄요. 잘 모르겠는데요. 확실하진 않은데요.
6	I'll call you later.	나중에 전화할게요.
7	It's so hot today!	오늘 정말 덥네요!
8	See you tomorrow.	내일 봐요.
9	Sorry to bother you.	중간에 방해해서 죄송합니다.
10	As soon as possible.	최대한 빨리요.

Idioms

1. **The be-all / and end-all**

   뜻: 결정짓는 주요 요인; 가장 중요한

   예시: College / is not the be-all and end-all / of success.

   해석: 대학교가 반드시 성공을 결정짓지는 않는다.

2. **Get the ball rolling**

   뜻: 계획한 일을 시작하다

   예시: Once Josh / got the ball rolling, / the process was fast.

   해석: 조쉬가 일을 시작하자 프로세스가 빠르게 진행되었다.

3. **Making small talk**

   뜻: 일상 속의 가벼운 대화

   예시: People / are always making small talk / at Scott's office.

   해석: 스콧의 사무실에서는 사람들이 늘 가벼운 대화를 많이 한다.

4. **Knock your socks off**

   뜻: 감동시킬 만큼 깜짝 놀라게 하다

   예시: The K-Pop band's / newest song / will knock your socks off.

   해석: 그 케이팝 밴드의 새 노래가 너를 감동시킬 만큼 깜짝 놀라게 할 것이다.

5. **Draw the line**

   뜻: 상황이 더 나빠지기 전에 멈추다

   예시: John had to draw the line / before the problem got worse.

   해석: 존은 문제가 더 커지기 전에 멈춰야만 했다.

6. **Call off**

   뜻: 계획을 취소하다

   예시: The outdoor rock concert / was called off / due to the rain.

   해석: 비 때문에 야외 록 콘서트가 취소되었다.

7. **A long shot**

   뜻: 가능성이 희박하다

   예시: This might be a long shot, / but does anyone have a straw / I can borrow?

   해석: 가능성이 희박하지만 혹시 제가 빌릴 수 있는 빨대를 가지고 있는 분이 계신가요?

1. 눈으로 읽으며 따라 말하기 (x2)
2. 귀로 듣기만 하고 따라 말하기 (x2)

※ 아래의 빨간 글씨는 모두 "avocado"의 "a" - /ɑ/ or /ɔ/ 모음으로 과장되게 발음해 주세요. 각 단어의 스펠링을 그대로 보존하여 보이는 글자와는 사뭇 다른 영어 모음 소리를 인지할 수 있게 해 주는 훈련입니다.

Famous Quotes & Book Excerpts

"The person / who sends out positive thoughts / activates the world around him / positively / and draws back to himself / positive results."

긍정적인 생각을 발산하는 사람은 자기 주변 세상을 긍정적으로 활성화시키고 자기 자신에게 긍정적인 결과들이 되돌아오게 한다.

— Norman Vincent Peale, The Power of Positive Thinking

"Obstacles can't stop you. / Problems can't stop you. / Most of all, / other people can't stop you. / Only you can stop you."

장애물들이 당신을 멈추게 할 수는 없다. 문젯거리들이 당신을 멈추게 할 수는 없다. 무엇보다도, 다른 사람들이 당신을 멈추게 할 수는 없다. 오직 당신만이 당신을 멈추게 할 수 있다.

— Jeffrey Gitomer

"Personally, / I am very fond / of strawberries and cream, / but I have found / that for some strange reason, / fish prefer worms. / So, when I went fishing, / I didn't think about / what I wanted. / I thought about / what they wanted. / I didn't bait the hook / with strawberries and cream. / Rather, / I dangled a worm or grasshopper / in front of the fish / and said: / 'Wouldn't you like to have that?' / Why not use / the same common sense / when fishing for people?"

개인적으로 나는 딸기와 크림을 매우 좋아한다. 그런데 물고기들은 희한하게도 지렁이를 좋아한다는 것을 알게 되었다. 그래서 낚시하러 갈 때엔 내가 원하는 것에 대해 생각하지 않았다. 그들이 원하는 것에 대해 생각하였다. 낚시 바늘에 딸기와 크림을 미끼로 달지 않았다. 대신, 지렁이나 메뚜기를 물고기 앞에 매달고 이렇게 말했다: "이걸 가지고 싶지 않니?" 이런 상식을 사람을 낚을 때에 적용하면 되지 않겠는가?

— Dale Carnegie, How to Win Friends & Influence People

"It is possible / to become friends / with even those / who have strongly entrenched / political, / philosophical, / or religious convictions. / Remember / that other people / may be totally wrong. / But they don't think so. / Don't condemn them. / Any fool can do that. / Try to understand them. / Only wise, / tolerant, / exceptional people / even try to do that."

정치적, 철학적, 또는 종교적 신념이 강하게 굳혀진 사람들과도 친구가 될 수 있다. 다른 사람들이 완전히 틀릴 수도 있다는 것을 기억하라. 하지만 그들은 그렇게 생각하지 않는다는 것이다. 그들을 비난하지 말자. 그것은 어리석은 자도 할 수 있다. 그들을 이해하려고 노력하자. 오직 현명하고, 관대하고, 특별한 사람들만이 그렇게 하려고 노력한다.

— Dale Carnegie, How to Win Friends & Influence People

"We shall go on / to the end, / we shall fight / in France, / we shall fight / on the seas and oceans, / we shall fight / with growing confidence / and growing strength in the air, / we shall defend / our Island, / whatever the cost / may be."

우리는 끝까지 갈 것이고, 프랑스에서 싸울 것이고, 바다와 바다에서 싸울 것이고, 공중에서 점점 커지는 자신감과 힘으로 싸울 것이며, 우리는 어떤 대가를 치르더라도 우리의 섬을 지킬 것입니다.

— Winston Churchill, "We Shall Fight on the Beaches" speech

onion의 "o" 소리 - /ʌ/

"어니언" 아니고

onion

 TIP 입안이 얼얼한 것처럼 힘을 빼고 발성해 보세요.

발음 표기법 /ʌ/, /ə/, "uh"

Phonics 이름 **Short u**

특징
- 한국어의 "어" 소리와 매우 가까운 소리
- 영어 단어 끝에 오는 경우는 거의 없음
- 단어 강세가 있으면 /ʌ/, 단어 강세가 없으면 /ə/ (schwa 발음)

일반적인 스펠링	단어 예시
o	Love
ou	Enough
u	But

● 구강 모양

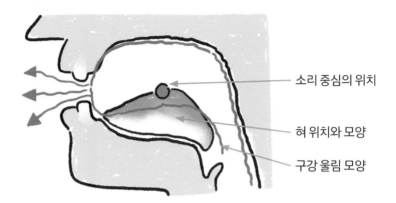

소리 중심의 위치

혀 위치와 모양

구강 울림 모양

● 공명 만드는 방법

1. 한국어의 "어" 소리에서 출발
2. 턱 턱 관절에서 힘 빼기
3. 혀 모양 혀 중간이 턱 관절과 같이 힘이 빠지며 따라 내려 감
   혀끝은 아랫니 뒤에 쉬는 자세
4. 입 모양 전혀 힘이 들어가지 않고 자연스럽게 옆으로 벌어짐
5. 소리 중심 위치 구강 정중앙

▶ 주의 사항 : 앞쪽으로 소리를 내보내려고 하지 말고 구강 아래쪽에서 울리는 느낌으로 소리 내세요.

스피킹 훈련 우리말과 비교하며 소리의 차이를 인지하는 훈련

> 한국식 발성 소리로 과장해서 먼저 발성해 본 후 위 방법대로 새로운 영어 발성 소리를 내며 서로 비교해 보세요.
> 어.니.언. 아니고 o~nion.

기억하세요!

✓Check Point 1: 목구멍 360°로 열기
✓Check Point 2: 가슴뼈에 한 손 올리기
✓Check Point 3: 뒤 턱, 귀 뒤에 한 손 올리기

 ʌ~ʌ~ʌ~ʌ~ʌ~ʌ~ 처럼 동굴 속 메아리가 점점 작아지며 여운이 남는 느낌

● Step 1 │ 단어 트레이닝

1. 한국식 단어 발성 (x1)
2. 이상적인 영어 단어 발성 (x2)

※ 아래의 빨간 글씨는 모두 "onion"의 "o" - /ʌ/ 모음으로 과장되게 발음해 주세요. 각 단어의 스펠링을 그대로 보존하여 보이는 글자와는 사뭇 다른 영어 모음 소리를 인지할 수 있게 해 주는 훈련입니다.

단어 앞 자리					
Of	Up	Us	Onion	Other	Oven
Umpire	Uncle	Under	Upgrade	Upper	Upright
Upset	Upstairs	Uptown	Otherwise	Ultimate	Umbrella
단어 끝 자리					
Uh	Duh	Huh			
단어 중간 자리					
Blood	Bluff	Blush	Brunch	Brush	Bug
Bump	Bun	Bunch	Bus	But / Butt	Buzz
Chunk	Club	Clutch	Come	Crumb	Crunch
Crush	Crust	Cub	Cup	Cut	Does
Done	Drug	Drum	Dump	Drunk	Duck
Dust	Flood	Flush	From	Front	Fund
Glove	Gut	Hub	Hut	Judge	Jump
Junk	Just	Love	Luck	Lunch	Month
Much	Mud	Must	None	Nudge	Numb
Nuts	Plug	Plump	Pump	Putt	Won / One
Rough	Rug	Run	Scrub	Shut	Sponge
Struck	Strum	Stuck	Sun	Touch	Tough
Truck	Trunk	Trust	Tuck	Was	Above
Among	Brother	Budget	Color	Cover	Custom
Discuss	Enough	Honey	Hungry	Justice	Money
Monkey	Mother	Nothing	Stomach	Sudden	Summer
Another	Company	Instruction	Justin	Russell	

38

1. 한국식 발성으로 또박또박 단어 하나씩 읽기 (x1)

2. **끊어 읽기** 표시(/)를 확인하며 끊어 읽기 (x2)

3. 완전히 마스터할 때까지 반복 훈련하기

※ 모음 발성 교정을 도와주는 텅 트위스터(Tongue Twister) 식의 훈련입니다. 영어 리듬의 감도 훈련할 수 있도록 가장 일반적인 리듬의 단위로 끊어 읽기 표시를 하였습니다. 이렇게 끊어 읽기 단위로 훈련하는 것이 익숙해지면 다음 단계에 도전해 보세요.

1	a. Fun sun b. Have fun / in the sun. c. Pups have fun / running and jumping / in the sun.
2	a. Running uncle b. The uncle / was running up / the stairs. c. The upset uncle / was running up the stairs / in a rush.
3	a. Cups and jugs b. Mother's / cups and jugs. c. Mother's cups and jugs / are from the huts / in the jungle.
4	a. Duck stuck b. One duck / was stuck / in the mud. c. One duck was stuck / in the muddy puddle / all of a sudden.
5	a. Bulky muscles b. My son / wants bulky muscles. c. My son / wants bulky muscles / when he becomes / an adult.
6	a. Funny monkey b. The funny monkey's / stomach grumbled. c. The funny monkey's / stomach grumbled / because he was hungry.

7	a. Upgraded results
	b. Someone in the class / will get upgraded results.
	c. Someone in the class / will get upgraded results / in another month.

8	a. Onions and mustard
	b. Onions and mustard / for lunch.
	c. The husband / wanted a sandwich / with onions and mustard / for lunch.

9	a. Trumpets and thunder
	b. Subways sound like / trumpets and thunder.
	c. Sometimes, / the uptown subways / sound like trumpets and thunder.

10	a. Money thumbs
	b. He counted money / with his thumbs.
	c. The juggler / counted money / with his thumbs / while juggling / and chuckling.

11	a. Buddies trust
	b. Humble buddies / can be trusted.
	c. Humble buddies / can be trusted / even when life / gets rough and tough.

12	a. Instructions for luxury
	b. The instructions / for the luxury car
	c. The instructions / for the luxury car / were not difficult / to understand.

13	a. Drum in trunk
	b. The drum was kept / in the trunk.
	c. The drum from Hungary / was kept in the trunk / during the summer months.

14	a. Rubber puzzle
	b. Rubber puzzle / made for / young kids.
	c. This rubber puzzle / made for young kids / comes in / many different colors.

15	a. Company troubles
	b. The company / brushes off / its troubles.
	c. Nothing / will get recovered / if the company / just brushes off / its troubles.
16	a. Dump truck
	b. Justin's brother / loves dump trucks.
	c. Justin's younger brother / loves to come up with / fun stories / about dump trucks.
17	a. Hundred customers
	b. One hundred customers / wanted refunds.
	c. One hundred customers / wanted refunds / for the umbrellas / that did not function.
18	a. Introductory study
	b. Study / the introductory page / of the subject.
	c. When you study / the introductory page / of a subject first, / you will absorb / the rest / like a sponge.
19	a. Number One
	b. Bus Number One / got dusty.
	c. Bus Number One / got dusty and rusty / from chugging through / the construction sites.
20	a. Sunny Sunday
	b. The couple spent / a sunny Sunday.
	c. The couple spent / a wonderful sunny Sunday / in a southern countryside town / that they discovered.

1. 눈으로 읽으며 따라 말하기 (x2)

2. 읽지 않고 귀로 듣기만 하고 따라 말하기 (x2)

3. 문장 외워서 혼자 말하기 (x2)

※ 아래의 빨간 글씨는 모두 "onion"의 "o" - /ʌ/ 모음으로 과장되게 발음해 주세요. 각 단어의 스펠링을 그대로 보존하여 보이는 글자와는 사뭇 다른 영어 모음 소리를 인지할 수 있게 해 주는 훈련입니다.

Common Expressions

1	I love it.	너무 좋아요.
2	Have fun!	즐거운 시간 보내세요!
3	Good luck!	행운을 빌어요!
4	What's up?	별일 없었어요?
5	I'm hungry.	배가 고프다.
6	Don't worry.	걱정 마세요.
7	No need to hurry.	서두를 필요 없어요. 천천히 해요.
8	That's wonderful!	정말 잘됐네요! 훌륭하네요!
9	How much is this?	이거 얼마예요?
10	I have to run some errands.	볼일이 좀 있어요.

Idioms

1. Second to none
뜻: 최고인(둘째가라면 서러운)

예시: My mother's cupcakes / are second to none.

해석: 우리 어머니의 컵케이크는 둘째가라면 서러울 정도다.

2. Feeling under the weather
뜻: 감기 기운이 있는, 몸이 안 좋은

예시: My brother has been feeling / under the weather.

해석: 내 남동생은 요즘 감기 기운에 시달리고 있다.

3. A cut above the rest
뜻: 특출한 것(사람)

예시: Everyone agrees / that Russell / is a cut above the rest.

해석: 모두가 러셀이 특출하다는 것에 동의한다.

4. Jump the gun
뜻: 섣불리 행동하다

예시: Sometimes, it's easy / to jump the gun / on exciting projects.

해석: 신나는 프로젝트가 있을 때는 섣불리 행동하기 쉽다.

5. Crunch numbers
뜻: 계산하여 수치를 파악하다

예시: The company's accountant / was busy crunching numbers / on Monday.

해석: 그 회사의 회계사는 월요일에 수치를 계산하느라 바빴다.

6. Go in one ear and out the other
뜻: 한 귀로 듣고 한 귀로 흘리다

예시: Did you understand the lecture / or did it go in one ear / and out the other?

해석: 강의를 이해했나요? 아니면 한 귀로 듣고 한 귀로 흘려보냈나요?

7. Do unto others as you would have them do unto you
뜻: 대우받고 싶은 대로 상대방을 대우하라

예시: I tell my son to always / do unto others / as you would have them / do unto you.

해석: 나는 아들에게 늘 대우받고 싶은 대로 다른 사람들을 대우하라고 말한다.

1. 눈으로 읽으며 따라 말하기 (x2)

2. 귀로 듣기만 하고 따라 말하기 (x2)

※ 아래의 빨간 글씨는 모두 "onion"의 "o" - /ʌ/ 모음으로 과장되게 발음해 주세요. 각 단어의 스펠링을 그대로 보존하여 보이는 글자와는 사뭇 다른 영어 모음 소리를 인지할 수 있게 해 주는 훈련입니다.

Famous Quotes & Book Excerpts

"Recovering from suffering / is not like recovering from a disease. Many people / don't come out healed; / they come out different."

고난에서 회복하는 것은 병에서 회복하는 것과는 다르다. 많은 사람들이 결과적으로 치료가 되는 것이 아니라 결과적으로 변화된다.

— David Brooks, The Road to Character

"There is nothing like looking, / if you want to find something. / You certainly / usually find something, / if you look, / but it is not always / quite the something / you were after."

무언가를 찾고 싶다면 찾아봐야 하는 것이다. 찾아보게 되면 대부분의 경우에는 틀림없이 무언가를 찾게 되겠지만 생각했던 것이 아닐 수도 있다.

— J.R.R. Tolkien, The Hobbit

"Courage is not something / that you already have / that makes you brave / when the tough times start. / Courage is what you earn / when you've been through / the tough times / and you discover / they aren't so tough / after all."

용기는 당신이 이미 소유하고 있고 힘든 시기가 올 때면 당신을 용감하게 만들어 주는 것이 아니다. 용기는 당신이 힘든 시기를 거치고 난 후 그런 시간들이 그렇게까지 힘든 것은 아니었다는 사실을 발견하게 되었을 때 얻게 되는 것이다.

— Malcolm Gladwell, David and Goliath:
Underdogs, Misfits, and the Art of Battling Giants

"I have a dream / that one day / this nation will rise up / and live out / the true meaning / of its creed: / 'We hold these truths / to be self-evident, / that all men / are created equal.' / I have a dream / that one day / on the red hills of Georgia, / the sons of former slaves / and the sons of former slave owners / will be able to sit down together / at the table of brotherhood."

저에게는 꿈이 있습니다. 언젠가 이 나라가 떨쳐 일어나 진정한 의미의 국가 이념을 실천하리라는 꿈, 즉 모든 인간은 평등하게 태어났다는 진리를 우리 모두가 자명한 진실로 받아들이는 날이 오리라는 꿈입니다. 저에게는 꿈이 있습니다. 조지아의 붉은 언덕 위에서 과거에 노예로 살았던 부모의 후손과 그 노예의 주인이 낳은 후손이 식탁에 함께 둘러앉아 형제애를 나누는 날이 언젠가 오리라는 꿈입니다.

— Martin Luther King Jr., "I Have a Dream" speech

"It is for us the living, / rather, / to be dedicated here / to the unfinished work / which they who fought here / have thus far / so nobly advanced. / It is rather for us / to be here dedicated / to the great task / remaining before us."

이제 우리와 같이 살아있는 사람들이 해야 할 몫은 지금까지 여기서 싸운 사람들이 훌륭하게 발전해 온 미완의 일에 헌신하는 것이다. 이제 우리의 몫은 여기서 우리 앞에 남은 이 위대한 일에 헌신하는 것이다.

— Abraham Lincoln, "Gettysburg Address" speech

모음 3

cookie의 "oo" 소리 - /ʊ/

"쿠키" 아니고
cookie

 TIP 입에 도톰한 쿠키를 물고 "크크~" 하는 느낌으로 발성해 보세요.

발음 표기법 /ʊ/, /ū/

Phonics 이름 **Short OO**

 특징
- 한국어의 "으" 소리와 매우 가까운 소리
- 영어 단어에서 앞이나 끝에 오는 경우는 없음
- 영어 단어에서 가장 적게 사용하는 모음 소리

일반적인 스펠링	단어 예시
oo	Book
u	Put
ou	Would

구강 모양

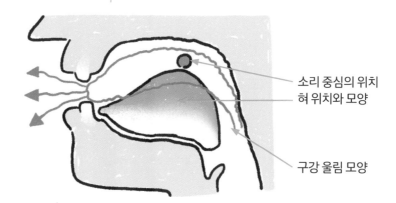

소리 중심의 위치
혀 위치와 모양

구강 울림 모양

공명 만드는 방법

1. 한국어의 "으" 소리에서 출발
2. 턱 턱 관절에서 힘을 빼고 살짝 닫음
3. 혀 모양 혀 양 옆이 위 옆니와 닿음
          혀끝은 아랫니 뒤에 쉬는 자세
4. 입 모양 전혀 힘이 들어가지 않고 자연스럽게 옆으로 벌어짐
5. 소리 중심 위치 구강 중간, 윗쪽

▶주의 사항 : 입술을 앞으로 내밀지 않습니다. 계속해서 "우" 소리가 나면 조금 과장되게 "으" 발음하는
          느낌으로 옆으로 벌려 주세요.

스피킹 훈련 우리말과 비교하며 소리의 차이를 인지하는 훈련

한국식 발성 소리로 과장해서 먼저 발성해 본 후 위 방법대로 새로운 영어 발성 소리를 내며 서로 비교해 보세요.
쿠.키. 아니고 coo~kie.

기억하세요!

✓Check Point 1: 목구멍 360°로 열기
✓Check Point 2: 가슴뼈에 한 손 올리기
✓Check Point 3: 뒤 턱, 귀 뒤에 한 손 올리기

 ℧~℧~℧~℧~℧~℧~ 처럼 동굴 속 메아리가 점점 작아지며 여운이 남는 느낌

1. 한국식 단어 발성 (x1)

2. 이상적인 영어 단어 발성 (x2)

※ 아래의 빨간 글씨는 모두 "cookie"의 "oo" – /ʊ/ 모음으로 과장되게 발음해 주세요. 각 단어의 스펠링을 그대로 보존하여 보이는 글자와는 사뭇 다른 영어 모음 소리를 인지할 수 있게 해 주는 훈련입니다.

단어 중간 자리					
Book	Brook	Bull	Bush	Cook	Could
Crook	Foot	Good	Hood	Hoof	Hook
Look	Nook	Pull	Push	Put	Soot
Stood	Shook	Should	Took	Wolf	Wood
Wool	Would	Ambush	Bookcase	Bookends	Booking
Booklet	Bookmark	Bookshelf	Brooklyn	Bullet	Bully
Bushy	Butcher	Cookbook	Cookie	Cooking	Couldn't
Cushion	During	Europe	Footage	Football	Full-time
Fully	Goodness	Input	Jury	Outlook	Output
Pudding	Pulley	Rookie	Scrapbook	Shouldn't	Sketchbook
Sugar	Withstood	Woman	Woodwork	Wouldn't	Bulletin
Hollywood	Misunder-stood	Neighbor-hood	Octopus	Understood	Woodpecker

1. 한국식 발성으로 또박또박 단어 하나씩 읽기 (x1)
2. **끊어 읽기** 표시(/)를 확인하며 끊어 읽기 (x2)
3. 완전히 마스터할 때까지 반복 훈련하기

※ 모음 발성 교정을 도와주는 텅 트위스터(Tongue Twister) 식의 훈련입니다. 영어 리듬의 감도 훈련할 수 있도록 가장 일반적인 리듬의 단위로 끊어 읽기 표시를 하였습니다. 이렇게 끊어 읽기 단위로 훈련하는 것이 익숙해지면 다음 단계에 도전해 보세요.

1	a. Good cook b. Thanks / to the good cook. c. We're full / thanks to the good cook.
2	a. Took cookie b. Who took / the cookie? c. Do you know / if Brook / took the cookie?
3	a. Should hoodie b. Should I buy / the hoodie? c. Should I buy / the hoodie / from this booklet?
4	a. Look wool b. Look at the / wool sweater. c. Look at the / wool sweater / I got from Europe.
5	a. Bull pulled b. The bull pulled / the wooden box. c. The bull pulled / the wooden box / filled with wood.
6	a. Bookmark book b. Put the bookmark / in the book. c. Would you please / put the bookmark / in the book?

7	a. Goodbye Hollywood b. Say goodbye / to Hollywood. c. It took us a long time / to say goodbye / to Hollywood.
8	a. Rookie looked b. The rookie / looked nervous. c. The rookie / looked nervous / during the football game.
9	a. Shook the sugar b. Shook / the sugar shaker. c. The woman shook / the sugar shaker / over the pudding.
10	a. Jury bulletin b. The jury looked / at the bulletin. c. The jury looked / at the bulletin / before / they took a vote.
11	a. Brooklyn neighborhood b. Through the Brooklyn / neighborhood. c. We walked / through the Brooklyn neighborhood / by foot.
12	a. Couldn't crooked b. I couldn't tell / if it's crooked. c. I couldn't tell / if the picture / looked crooked / on the hook.
13	a. Wool hood b. The wool sweater / has a hood. c. The wool sweater / has a hood / that you can pull / over your head.
14	a. Output and input b. Any output / needs enough input. c. One shouldn't expect / any output / if there hasn't been / enough input.

15	a. Outlook good
	b. The outlook / is good.
	c. The outlook is good / for the full-time employees / of the cushion factory.

16	a. Bookcase bookshelf
	b. A bookcase / and a bookshelf / are similar.
	c. A bookcase / and a bookshelf / are similar, / since they both / hold books.

17	a. Childhood goodies
	b. Childhood memories / are filled with goodies.
	c. Usually, / childhood memories / are filled with goodies / and sugary treats.

18	a. Bulldog bulldozer
	b. The bulldog followed / the bulldozer.
	c. The bulldog followed / the bulldozer / and left footprints / all the way to the bookstore.

19	a. Stood bush
	b. The wolf stood / by the bush.
	c. The wolf stood / by the bush / as he heard the footsteps / of Little Red Riding Hood.

20	a. Overlook cookbook
	b. You cannot / overlook the steps / in a cookbook.
	c. You cannot / overlook the steps / in a cookbook / if you want your cooking / to turn out good.

1. 눈으로 읽으며 따라 말하기 (x2)

2. 읽지 않고 귀로 듣기만 하고 따라 말하기 (x2)

3. 문장 외워서 혼자 말하기 (x2)

※ 아래의 빨간 글씨는 모두 "cookie"의 "oo" - /ʊ/ 모음으로 과장되게 발음해 주세요. 각 단어의 스펠링을 그대로 보존하여 보이는 글자와는 사뭇 다른 영어 모음 소리를 인지할 수 있게 해 주는 훈련입니다.

Common Expressions

1	**Good luck!**	행운을 빌어요!
2	**I'm so full.**	엄청 배부르네요.
3	**You look great!**	좋아 보이시네요!
4	**I should get going.**	슬슬 가 봐야겠어요.
5	**Put it here, please.**	여기에 놔 주세요.
6	**It took a long time.**	오래 걸렸어요.
7	**I'm looking for a job.**	일자리를 찾고 있어요.
8	**Pull yourself together.**	침착하세요. 기운 내세요.
9	**Would you like some coffee?**	커피 좀 드릴까요?
10	**Could you help me with something?**	저 좀 도와주시겠어요?

Idioms

1. Look before you leap
뜻: 돌다리도 두드려 보고 건너다

예시: You should always look / before you leap.

해석: 돌다리도 항상 먼저 두드려 보고 건너야 한다.

2. By the book
뜻: 교과서대로, 규칙대로

예시: Brook always / does everything / by the book.

해석: 브룩은 모든 것을 항상 규칙대로 한다.

3. Let (someone) off the hook
뜻: 그냥 넘어가 주다, 봐주다

예시: The woman / would not let the crook / off the hook.

해석: 그 여인은 그 사기꾼을 그냥 봐주지 않았다.

4. Judge a book by its cover
뜻: 겉모습만 보고 판단하다

예시: The jury knew / that they couldn't / judge a book / by its cover.

해석: 그 배심원단은 겉모습만 보고 판단할 수 없다는 것을 알았다.

5. Good egg
뜻: 착하고 좋은 사람

예시: The football team's / newest rookie / seems to be a good egg.

해석: 그 미식축구 팀의 가장 최근에 온 신인 선수는 착하고 좋은 사람 같아 보인다.

6. Get your foot in the door
뜻: (회사, 분야 등에) 발을 들여 놓다

예시: Getting a full time job / in Hollywood / will get your foot in the door.

해석: 할리우드에서 정규직에 취직되면 그 분야에 발을 들여 놓을 수 있다.

7. Out of the woods
뜻: 위험이나 위기에서 벗어난

예시: The cook's new restaurant / is doing well / and it's out of the woods now.

해석: 그 요리사가 새로 연 식당이 잘 되면서 이제 위기 상황에서 벗어났다.

1. 눈으로 읽으며 따라 말하기 (x2)
2. 귀로 듣기만 하고 따라 말하기 (x2)

※ 아래의 빨간 글씨는 모두 "cookie"의 "oo" – /ʊ/ 모음으로 과장되게 발음해 주세요. 각 단어의 스펠링을 그대로 보존하여 보이는 글자와는 사뭇 다른 영어 모음 소리를 인지할 수 있게 해 주는 훈련입니다.

Famous Quotes & Book Excerpts

"Take some books / and read; / that's / an immense help; / and books / are always good company / if you have / the right sort."

책을 좀 가져다 읽어 봐. 엄청난 도움이 될 거야. 너에게 알맞은 책을 가지게 되면 늘 좋은 벗과 함께 있는 것과도 같지.

— Louisa May Alcott, Little Women

"Could we change our attitude, / we should not only / see life differently, / but life itself / would come to be different. / Life would undergo / a change of appearance / because we ourselves / had undergone / a change of attitude."

우리의 태도를 바꿀 수 있다면 인생이 다르게 보일 뿐 아니라 인생 자체가 바뀌게 될 것이다. 우리 자신의 태도 자체가 변화했기 때문에 인생의 모습 자체가 변화하게 되는 것이다.

— Katherine Mansfield

Two roads / diverged in a yellow wood,
And sorry / I could not travel both
And be one traveler, / long I stood
And looked down one / as far as I could
To where it bent / in the undergrowth;
Then took the other, / as just as fair…

노란 숲 속에 길이 두 갈래로 갈라져 있었다.
나는 두 길 모두 가지 못하는 것이 안타까웠고
홀로 여정을 떠난 나그네라 한참을 그대로 서서
볼 수 있는 만큼 한 길을 최대한 멀리
굽이 꺾인 덤불까지 내려다보았다.
그리고는 역시나 아름다웠던 다른 쪽 길을 택했다…

— Robert Frost, The Road Not Taken

"Think thoughts / that make you happy. / Do things / that make you feel good. / Be with people / who make you feel good. / Eat things / that make your body feel good. / Go at a pace / that makes you feel good."

당신을 행복하게 하는 생각을 하라. 당신을 기분 좋게 하는 것들을 하라. 당신을 기분 좋게 하는 사람들과 함께 하라. 당신의 몸을 기분 좋게 하는 것들을 먹어라. 당신을 기분 좋게 하는 속도로 가라.

— Louise L. Hay, You Can Heal Your Life

"Life is a journey. / As you walk along the road / you can either look back / or you can look ahead. / And once you make the choice / to look back, / there's no going forward. / Look ahead. / Always look for the very next step."

인생은 여정이다. 길을 걸으며 뒤를 돌아보거나 앞을 볼 수 있다. 그리고 뒤를 돌아보기로 결정하는 순간, 앞으로 갈 수가 없다. 앞을 보라. 항상 다음 걸음을 찾으라.

— Glenn Beck, The Snow Angel

모음 4

mushroom 의 "oo" 소리 - /u/

"머쉬룸" 아니고
mushroom

 TIP 혀 뒤쪽을 특히 위로 볼록 올려서 발성해 보세요.

발음 표기법 /u/, /uː/, [ü]
Phonics 이름 **Long U, Long OO**

 특징
- "우" 소리와 가까운 소리로 시작했다가 소리가 울려 퍼지며 점점 없어지는 느낌
- 목소리 톤이 내려가면서 구강 '동굴'에서 여운이 남는 느낌
- 영어 단어에서 앞에 오는 경우는 거의 없음

일반적인 스펠링	단어 예시
o	Who
oo	Room
u	Studio
ue	Blue
ou	You
ew	Drew
ui	Fruit

구강 모양

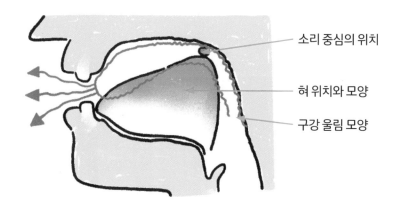

소리 중심의 위치

혀 위치와 모양

구강 울림 모양

공명 만드는 방법

1. 한국어의 "우" 소리에서 출발 - 발성 계속 유지
2. 턱 턱 관절에서 힘을 빼고 살짝 닫음
3. 혀 모양 혀 뒤쪽 양 옆이 양 위 어금니와 닿음
   혀끝은 아랫니 뒤에 쉬는 자세
   혀 뒤쪽만 많이 볼록하게 올라옴
4. 입 모양 살짝 오므라짐
5. 소리 중심 위치 입천장 가장 뒤쪽 끝

▶ 주의 사항 : 소리를 입으로 내려고 하지 마시고 혀를 사용하여서 정확한 소리를 내는 습관을 길러 주세요.
혀가 1차적으로 소리를 만들고 입술은 2차적으로 혀를 따라가며 도와주기만 합니다. 소리를 "우"
하고 빨리 끊지 않고 여운을 꼭 남겨 주세요.

스피킹 훈련 우리말과 비교하며 소리의 차이를 인지하는 훈련

한국식 발성 소리로 과장해서 먼저 발성해 본 후 위 방법대로 새로운 영어 발성 소리를 내며 서로 비교해 보세요.

머.쉬.룸. 아니고 mushroo~m.

기억하세요!

✔Check Point 1: 목구멍 360°로 열기
✔Check Point 2: 가슴뼈에 한 손 올리기
✔Check Point 3: 뒤 턱, 귀 뒤에 한 손 올리기

 u~u~u~u~u~u~처럼 동굴 속 메아리가 점점 작아지며 여운이 남는 느낌

1. 한국식 단어 발성 (x1)
2. 이상적인 영어 단어 발성 (x2)

※ 아래의 빨간 글씨는 모두 "mushroom"의 "oo" - /u/ 모음으로 과장되게 발음해 주세요. 각 단어의 스펠링을 그대로 보존하여 보이는 글자와는 사뭇 다른 영어 모음 소리를 인지할 수 있게 해 주는 훈련입니다.

단어 앞 자리					
Ooze	Uber	Umi	Oozing		
단어 끝 자리					
You	Who	To / Too / Two	Do / Due / Dew	New / Knew	Shoe
Chew	Goo	Sue	Zoo	Boo	Lou
Blue	Brew	Clue	Crew	Drew	Flu / Flew
Glue	Grew	Stew	True	Through / Threw	Shampoo
단어 중간 자리					
Bloom	Boom	Boost	Boots	Booth	Broom
Bruise	Choose	Chute / Shoot	Cool	Coop	Dude
Fluke	Flute	Food	Fool	Fruit	Goop
Goose	Groom	Group	Hoop	Juice	June
Loop	Loose	Lose	Mood	Moon	Move
Noon	Pool	Proof	Roof	Room	Root
Rude	School	Scoop	Shoes	Smooth	Snooze
Soon	Soup	Spoon	Suit	Tool	Tooth
Tube	Tune	Truth	Whom	Whose	Youth
Zoom	Bloopers	Costume	Duty	Junior	Mushroom
Produce	Reduce	Routine	Salute	Student	Studio
Tutor	Tuesday	Absolutely	Attitude	Gratitude	Introduce
Opportunity	Souvenir	Bruce	Jude	Julie	Luke

1. 한국식 발성으로 또박또박 단어 하나씩 읽기 (x1)
2. **끊어 읽기** 표시(/)를 확인하며 끊어 읽기 (x2)
3. 완전히 마스터할 때까지 반복 훈련하기

※ 모음 발성 교정을 도와주는 텅 트위스터(Tongue Twister) 식의 훈련입니다. 영어 리듬의 감도 훈련할 수 있도록 가장 일반적인 리듬의 단위로 끊어 읽기 표시를 하였습니다. 이렇게 끊어 읽기 단위로 훈련하는 것이 익숙해지면 다음 단계에 도전해 보세요.

1	a. Bloom June b. Roses bloom / in June. c. Beautiful roses / bloom in June.
2	a. New shoes b. I need / new shoes. c. I need / new shoes / that are loose.
3	a. Bruno introduced b. Bruno / introduced Judy. c. Bruno / introduced Judy / to Jude.
4	a. Suit smooth b. The suit / is very smooth. c. The groom's suit / is very smooth.
5	a. Who roof b. Who is / on the roof? c. Who is / on the roof / with a broom?
6	a. Glue school b. Bring glue / to school. c. Students need / to bring glue / to school.

7	a. Lou knew
	b. Lou knew / that tune.
	c. Lou knew / that tune / from the cruise.

8	a. Two boots
	b. I have two pairs / of boots.
	c. I have two pairs / of boots / that are blue.

9	a. Goose grew
	b. The golden goose / grew.
	c. The golden goose grew / and flew away.

10	a. Moon room
	b. See the moon / from the room.
	c. Can you see the moon / from the room?

11	a. Food spoon
	b. Eat your food / with a spoon.
	c. Eat your food / with a spoon / if it's stew.

12	a. Move studio
	b. Bruce moved / into a studio.
	c. Bruce moved / into a studio / with his flute.

13	a. Mushroom soup
	b. I'll have / mushroom soup.
	c. I'll have / mushroom soup / and some fruit.

14	a. Zoo routine
	b. The zoo / has a strict routine.
	c. The zoo / has a strict routine / for the moose.

15	a. Kangaroo costume b. I choose / the kangaroo costume. c. I choose / the kangaroo costume / with jewels.
16	a. Tutor groups b. The tutor / only teaches groups. c. The tutor / only teaches groups / on Tuesdays.
17	a. Movie bloopers b. Julie loves watching / movie bloopers. c. Julie loves watching / movie bloopers / with Sue.
18	a. Shampoo news b. The shampoo / is in the news. c. The breakthrough / blue shampoo / is in the news.
19	a. Noodles soon b. You can eat / the noodles soon. c. You can eat / the noodles soon / once they cool down.
20	a. Tattoo clues b. The tattoo / gave us clues. c. The tattoo / gave us clues / about who / was telling the truth.

1. 눈으로 읽으며 따라 말하기 (x2)
2. 읽지 않고 귀로 듣기만 하고 따라 말하기 (x2)
3. 문장 외워서 혼자 말하기 (x2)

※ 아래의 빨간 글씨는 모두 "mushroom"의 "oo" - /u/ 모음으로 과장되게 발음해 주세요. 각 단어의 스펠링을 그대로 보존하여 보이는 글자와는 사뭇 다른 영어 모음 소리를 인지할 수 있게 해 주는 훈련입니다.

Common Expressions

1	You too!	당신도요!
2	Who knew?	누가 알았겠어요?
3	How are you?	어떻게 지내세요?
4	That's so cool.	정말 멋지네요.
5	See you soon!	곧 만나요!
6	I have no clue.	전혀 모르겠는데요.
7	I'll be there soon.	곧 갈게요.
8	That's great news!	참 좋은 소식이에요!
9	Who is he ?	그는 누구예요?
10	What do you like to do?	뭐 하는 걸 좋아하세요?

Idioms

1. Toot my own horn
뜻: 자화자찬하다

예시: I don't like / to toot my own horn.

해석: 나는 스스로 자랑하는 것을 좋아하지 않는다.

2. Once in a blue moon
뜻: 어쩌다 한 번, 가뭄에 콩 나듯 매우 드물게

예시: Bruce drinks juice / only once in a blue moon.

해석: 브루스는 주스를 정말 가끔씩만 마신다.

3. Cool as a cucumber
뜻: (특히 어려운 상황에서) 침착하다, 감정에 휘둘리지 않는다

예시: Luke is always / as cool as a cucumber / at school.

해석: 루크는 학교에서 늘 침착하고 감정적이지 않다.

4. Tie up loose ends
뜻: 마무리 짓다

예시: Susie and Judy / stayed after the meeting / to tie up loose ends.

해석: 수지와 주디는 미팅 후 일을 마무리 짓기 위해 남았다.

5. The elephant in the room
뜻: 모두가 알고 있지만 모른 척 하는 큰 문제

예시: Julia decided to address / the elephant in the room / by telling the truth.

해석: 모두가 말하기 꺼려하는 것에 대해서 줄리아가 진실을 밝히기로 결정했다.

6. Bite off more than you can chew
뜻: 무리하여 분에 넘치는 일을 시도하다

예시: The tutor / bit off more than he can chew / by taking / too many students.

해석: 그 과외 선생님은 너무 무리하여 감당 되지 않을 정도로 많은 학생들을 받았다.

7. Tried and true
뜻: 검증된, 유효성이 인정된

예시: A tried and true method / for losing weight / is eating good food / and exercising.

해석: 살을 뺄 수 있는 검증된 방법은 좋은 음식을 먹고 운동하는 것이다.

1. 눈으로 읽으며 따라 말하기 (x2)

2. 귀로 듣기만 하고 따라 말하기 (x2)

※ 아래의 빨간 글씨는 모두 "mushroom"의 "oo" - /u/ 모음으로 과장되게 발음해 주세요. 각 단어의 스펠링을 그대로 보존하여 보이는 글자와는 사뭇 다른 영어 모음 소리를 인지할 수 있게 해 주는 훈련입니다.

Famous Quotes & Book Excerpts

"Pick a plan to follow, / any plan will do / — and then 5 (five) - 4 (four) - 3 (three) - 2 (two) - 1 / - GO. / The only thing you will need / to choose after that / is choosing each and every day / to DO IT."

따를 계획을 선택해 보세요. 아무 계획이면 됩니다. 그리고 5 (오) - 4 (사) - 3 (삼) - 2 (이) - 1 (일) - 출발. 그이후로 선택해야 할 것은 이미 선택해 놓은 그 계획을 이제 매일매일 행하는 일밖에 없습니다.

— Mel Robbins, The 5 Second Rule:
Transform Your Life, Work, and Confidence
with Everyday Courage

"Integrity / is choosing courage / over comfort; / choosing what is right / over what is fun, fast or easy; / and choosing to practice our values / rather than simply professing them."

진실함은 안락함 대신 용기를 선택하는 것이고, 재미있고, 빠르고, 쉬운 것보다는 올바른 것을 선택하는 것이며, 우리의 가치관을 단순히 공언만 할 뿐 아니라 그대로 실행하는 것이다.

— Brené Brown, Rising Strong:
The Reckoning. The Rumble. The Revolution

"This process within our brains / is a three-step loop. / First, / there is a cue, / a trigger that tells your brain / to go into automatic mode / and which habit to use. / Then there is the routine, / which can be physical or mental / or emotional. / Finally, / there is a reward, / which helps your brain figure out / if this particular loop / is worth remembering / for the future: / THE HABIT LOOP"

우리 뇌 속의 이러한 과정은 3단계의 고리와도 같다. 첫 번째로는 신호가 있다. 이 신호는 방아쇠 역할을 하여 우리 뇌에게 자동 모드로 들어가서 특정 습관을 사용하라고 지시한다. 그 다음에는 루틴이 있다. 이것은 신체적이거나 정신적이거나 감정적인 것일 수 있다. 마지막으로는 보상이 있다. 보상은 우리 뇌가 이 특정 고리, 즉 '습관 고리'를 앞으로도 계속 기억할 가치가 있는지 판가름하게끔 도와준다.

— Charles Duhigg, The Power of Habit:
Why We Do What We Do in Life and Business

"It is not the critic / who counts; / not the man / who points out / how the strong man / stumbles, / or where the doer / of deeds / could have done them / better. / The credit / belongs to the man / who is actually / in the arena, / whose face is marred / by dust / and sweat / and blood; / who strives valiantly; / who errs, / who comes short again / and again."

중요한 자는 비평가가 아니다. 강한 사람이 어떻게 비틀거리는지 꼬집어 내는 자가 아니다. 어떠한 업적을 세운 사람에게 그것을 더 잘할 수 있을 거라고 지적하는 자가 아니다. 공로는 실제로 경기장에 있는, 얼굴이 먼지와 땀과 피로 더럽혀진, 용감하게 노력하는 사람의 것이다. 실수를 반복하고 계속 곤경에 처하는 사람이다.

— Theodore Roosevelt, "Citizenship in a Republic" speech

"In the abundance mentality, / you see life / as a river of opportunities. / Every problem / is an opportunity. / Every conflict / is an opportunity / to strengthen the relationship. / Every difficulty / is an opportunity / to grow in some way. / Every moment / is an opportunity / to learn something new, / to do something different, / to explore new possibilities, / to enjoy the experience, / to expand your circle of influence."

풍요 의식에서는 삶을 기회의 강으로 본다. 모든 문제는 기회이다. 모든 갈등은 관계를 강화시키는 기회이다. 모든 어려움은 어떤 식으로든 성장할 수 있는 기회이다. 매 순간은 새로운 것을 배울 수 있고, 색다른 것을 할 수 있고, 새로운 가능성을 탐구하고, 경험을 즐기고, 영향력의 범위를 넓힐 수 있는 기회이다.

— Stephen Covey, The 7 Habits of Highly Effective People:
Powerful Lessons in Personal Change

mango의 "o" 소리 - /oʊ/

"망고" 아니고
mango

 구강에서 동굴처럼 한참을 메아리 울리다가
끝까지 여운이 남는 느낌으로 발성해 보세요.

발음 표기법 /oʊ/, /əʊ/, [ō], "ow"

Phonics 이름 **Long O**

특징
- 이중 모음까지는 아니지만 1.5 모음인 느낌
- "오"와 "어" 중간 소리에서 시작했다가 "으"로 끝나는 느낌
- 목소리 톤이 내려가면서 구강 '동굴'에서 여운이 남는 느낌
- 영어 단어에서 끝자리에 유난히 흔하게 나타나는 소리

일반적인 스펠링	단어 예시
o	Over
o_e	Tone
oa	Coat
ow	Know
oe	Toe
ough	Though

구강 모양

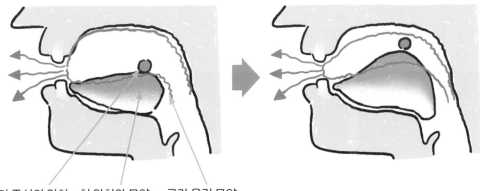

소리 중심의 위치   혀 위치와 모양   구강 울림 모양

공명 만드는 방법

1. 한국어의 "오"와 "어" 중간 소리에서 출발
2. 모음 3, cookie의 /ʊ/ 소리로 옮겨 감
3. **턱** 턱 관절에서 힘을 빼고 살짝 열린 상태에서 점점 닫힘
4. **혀 모양** 혀 전체가 턱과 함께 살짝 내려가 있다가 점점 올라옴
5. **입 모양** 살짝 오므라져서 시작했다가 "으" 자세로 바뀜
6. **소리 중심 위치** 구강 '뒤/아래' 쪽에서 '뒤/위' 쪽으로 옮겨 감

▶ 주의 사항 : 입술이 개입하여 "오" → "우" 소리를 내지 않게 해 주세요. 오히려 "어" → "으" 소리에 가깝습니다.

스피킹 훈련 우리말과 비교하며 소리의 차이를 인지하는 훈련

한국식 발성 소리로 과장해서 먼저 발성해 본 후 위 방법대로 새로운 영어 발성 소리를 내며 서로 비교해 보세요.

망.고. 아니고 mango~.

기억하세요!

✔Check Point 1: 목구멍 360°로 열기
✔Check Point 2: 가슴뼈에 한 손 올리기
✔Check Point 3: 뒤 턱, 귀 뒤에 한 손 올리기

 Oʊ~Oʊ~Oʊ~Oʊ~ᴏᴜ~ₒᵤ~처럼 동굴 속 메아리가 점점 작아지며 여운이 남는 느낌

1. 한국식 단어 발성하기 (x1)

2. 이상적인 영어 단어 발성하기 (x2)

※ 아래의 빨간 글씨는 모두 "mango"의 "o" - /oʊ/ 모음으로 과장되게 발음해 주세요. 각 단어의 스펠링을 그대로 보존하여 보이는 글자와는 사뭇 다른 영어 모음 소리를 인지할 수 있게 해 주는 훈련입니다.

단어 앞 자리					
Owe	Own	Old	Open	Over	Only
Obey	Ocean	Ozone	Oasis		
단어 끝 자리					
No / Know	Go	So / Sew	Toe / Tow	Woe	Bow
Mow	Row	Low	Show	Flow	Slow
Snow	Blow	Glow	Grow	Throw	Pro
Dough	Though	Although	Also	Auto	Ago
Arrow	Below	Yellow	Pillow	Rainbow	Hello
Hero	Photo	Solo	Mango	Shadow	Window
Piano	Tomato	Potato	Tomorrow	Joe	Leo
단어 중간 자리					
Boat	Bold	Bolt	Bone	Both	Bowl
Bloat	Coat	Chose	Code	Cold	Comb
Cone	Cope	Dome	Don't	Drove	Float
Foam	Fold	Ghost	Goal	Gold	Hold
Hole / Whole	Home	Hope	Host	Joke	Load
Mode	Most	Nose	Note	Phone	Poll / Pole
Poke	Post	Quote	Road / Rode	Roll / Role	Rope
Rose	Scone	Scroll	Soap	Sold	Sole / Soul
Slope	Stone	Stove	Those	Toast	Told
Tone	Vote	Won't	Wrote	Zone	Bonus
Focus	Global	Hotel	Lonely	Lotion	Total
Yoga	Rover	Ceremony	Co-worker	Joan	Noah

1. 한국식 발성으로 또박또박 단어 하나씩 읽기 (x1)
2. **끊어 읽기** 표시(/)를 확인하며 끊어 읽기 (x2)
3. 완전히 마스터할 때까지 반복 훈련하기

※ 모음 발성 교정을 도와주는 텅 트위스터(Tongue Twister) 식의 훈련입니다. 영어 리듬의 감도 훈련할 수 있도록 가장 일반적인 리듬의 단위로 끊어 읽기 표시를 하였습니다. 이렇게 끊어 읽기 단위로 훈련하는 것이 익숙해지면 다음 단계에 도전해 보세요.

1	a. Yellow coat b. Wear / your yellow coat. c. Wear / your yellow coat / tomorrow.
2	a. Won't don't b. I won't go / if you don't go. c. I won't go tomorrow / if you don't go.
3	a. Road closed b. The road / is closed. c. The road / below the overpass / is closed.
4	a. Almost bingo b. Willow / almost got bingo. c. Willow / almost got bingo / on the show boat.
5	a. Ocean oasis b. Is that an ocean / or an oasis? c. Is that photo / showing an ocean / or an oasis?
6	a. Robot follow b. The robot / followed the drone. c. The robot / followed the drone / to all locations.

7	a. Episode audio
	b. This episode / is available / in audio.
	c. I was hoping / this episode is available / in audio.
8	a. Golden throne
	b. The golden throne / didn't look / so cozy.
	b. The golden throne / didn't look so cozy / like a sofa.
9	a. Show host
	b. The show host / shouted "Bravo!"
	c. The show host / shouted "Bravo!" / for the soprano.
10	a. Yoga aerobics
	b. Do you prefer yoga / or aerobics?
	c. Do you and your coach / prefer yoga / or aerobics?
11	a. Photo koala
	b. We took photos / of the koala.
	c. We took photos / of the growing koala / and his toes.
12	a. Borrow stereo
	b. I hope / I can borrow / a stereo.
	c. I hope / I can borrow a stereo / to listen to the radio.
13	a. Condo window
	b. The condo windows / are open.
	c. The condo windows / are open / and need to be closed.
14	a. Trophy podium
	b. The trophy / was given / at the podium.
	c. The trophy / was given at the podium / by Leo the goalie.

15	a. Owen voted b. Owen voted / for the cocoa flavor. c. Only Owen voted / for the cocoa flavor / instead of coconut.
16	a. Baritone vocal b. The baritone singer / is also a vocal coach. c. The baritone singer / is also a vocal coach / with his own studio.
17	a. Swallow nachos b. Joe / couldn't swallow / the nachos. c. Joe / couldn't swallow / the nachos / because of his throat ache.
18	a. October November b. The foliage is beautiful / in October and November. c. The foliage is beautiful / in October and November / by the hotel.
19	a. Programmer coding b. The programmer / was busy coding. c. The programmer / was busy coding / with both / of his co-workers.
20	a. Portfolio focus b. Noah's / portfolio / was focused / on scenarios. c. Noah's / portfolio / was focused / on scenarios / mostly / about homes.

1. 눈으로 읽으며 따라 말하기 (x2)

2. 읽지 않고 귀로 듣기만 하고 따라 말하기 (x2)

3. 문장 외워서 혼자 말하기 (x2)

※ 아래의 빨간 글씨는 모두 "mango"의 "o" - /oʊ/ 모음으로 과장되게 발음해 주세요. 각 단어의 스펠링을 그대로 보존하여 보이는 글자와는 사뭇 다른 영어 모음 소리를 인지할 수 있게 해 주는 훈련입니다.

Common Expressions

1	Oh no!	안돼! 이런!
2	Let's go.	가자.
3	I hope so.	그러길 바란다.
4	I think so.	그런 것 같아요. 그렇게 생각해요.
5	That's okay.	괜찮아요.
6	I owe you one.	신세지게 되었네요.
7	How old are you?	나이가 어떻게 되세요?
8	What's the total?	전부 합쳐서 얼마예요?
9	Home sweet home.	집이 제일 좋다. 드디어 집이다.
10	What's your phone number?	전화번호가 어떻게 되세요?

Idioms

1. Hit the road
뜻: 출발하다, 떠나다
예시: Let's go! / It's time / to hit the road.
해석: 가자! 출발할 시간이다.

2. Learn the ropes
뜻: 새로 배우고 터득하다, 처음 하는 일에 대한 요령을 익히다
예시: It took Joe / a long time / to learn the ropes / at his new job.
해석: 조가 새로운 직장에서 일을 배울 때까지 오랜 시간이 걸렸다.

3. Lay low
뜻: 조용히 지내다
예시: We plan / to lay low at home / until it isn't so cold / outside.
해석: 우리는 밖의 추위가 좀 가실 때까지 집에서 조용히 지낼 계획이다.

4. Go with the flow
뜻: 자연스러운 흐름에 맡기다
예시: The game show host / is so good / at just going with the flow.
해석: 그 게임 쇼 호스트는 자연스럽게 분위기의 흐름을 따라가는 것을 참 잘한다.

5. Keep (someone) on (his, her) toes
뜻: 긴장을 늦추지 못하다
예시: That boat race / kept Joan on her toes / during the whole time.
해석: 그 배 경주를 보는 내내 조앤은 긴장을 늦추지 못했다.

6. Fly solo
뜻: 혼자 하다(가다)
예시: The hotel's café / is great for groups / and for those flying solo.
해석: 그 호텔 카페는 그룹으로 가도 좋고 혼자 가기에도 좋은 곳이다.

7. Let it go
뜻: 놓아 주다, 잊어버리다, 더 이상 문제 삼지 않다
예시: The co-worker's comment / bothered Noah, / but he just let it go.
해석: 그 직장 동료의 의견이 거슬렸지만 노아는 더 이상 그것을 문제 삼지 않았다.

1. 눈으로 읽으며 따라 말하기 (x2)

2. 귀로 듣기만 하고 따라 말하기 (x2)

※ 아래의 빨간 글씨는 모두 "mango"의 "o" - /oʊ/ 모음으로 과장되게 발음해 주세요. 각 단어의 스펠링을 그대로 보존하여 보이는 글자와는 사뭇 다른 영어 모음 소리를 인지할 수 있게 해 주는 훈련입니다.

Famous Quotes & Book Excerpts

"You'd better slow down. / Don't dance so fast. / Time is short. / The music won't last."

속도를 늦추는 게 좋을 것이다. 너무 빨리 춤을 춰 버리지 말라. 시간은 짧고 음악은 계속 흐르지 않을 것이다.

— David Weatherford, Slow Dance

"There is nothing noble / in being superior / to your fellow man; / true nobility / is being superior / to your former self."

주위 사람보다 우월한 것은 전혀 고귀하지 않다. 진실한 고귀함은 당신의 이전 모습보다 더 우월해져 있는 것이다.

— Ernest Hemingway

"Don't just / learn, / experience.
Don't just / read, / absorb.
Don't just / change, / transform.
Don't just / relate, / advocate.
Don't just / promise, / prove.
Don't just / criticize, / encourage.
Don't just / think, / ponder.
Don't just / take, / give.
Don't just / see, / feel.

Don't just / dream, / do.
Don't just / hear, / listen.
Don't just / talk, / act.
Don't just / tell, / show.
Don't just / exist, live."

그저 배우지만 말고 경험하라.
그저 읽지만 말고 흡수하라.
그저 변화하지만 말고 변신하라.
그저 공감만 하지 말고 옹호하라.
그저 약속만 하지 말고 증명하라.
그저 비판만 하지 말고 격려하라.
그저 생각만 하지 말고 심사숙고하라.
그저 받기만 하지 말고 주어라.
그저 보지만 말고 느껴라.
그저 꿈꾸지만 말고 실행하라.
그저 듣지만 말고 귀 기울여라.
그저 말하지만 말고 행동하라.
그저 알려 주지만 말고 보여 줘라.
그저 존재하지만 말고 살아라.

— Roy T. Bennett, The Light in the Heart

"But some teachers / preached and practiced / a growth mindset. / They focused on the idea / that all children / could develop their skills, / and in their classrooms / a weird thing happened. / It didn't matter / whether students / started the year / in the high- / or the low-ability group. / Both groups / ended the year / way up high."

하지만 몇몇 선생님들은 성장형 사고방식을 설교하고 실천하였다. 모든 아이들이 실력을 발전시킬 수 있다는 생각에 집중하였고 그들의 교실에서는 이상한 일이 일어났다. 학생들이 한 해를 높은 수준이나 낮은 수준의 그룹에서 시작했는가와는 상관없이 두 그룹 모두 높은 수준으로 그 해를 마쳤다.

— Carol S. Dweck, Mindset: How You Can Fulfill Your Potential

apple의 "a" 소리 - /æ/

"애플" 아니고

apple

 혀 앞쪽에만 살짝 힘을 주어 혀 전체를 내리면서 빈틈없이 소리로
구강을 꽉 채우는 느낌으로 발성해 보세요.

발음 표기법 /æ/, [a]
Phonics 이름 Short A

특징
• 한국어의 "애" 소리와 매우 다른 소리
• 영어 단어에서 끝에 오는 경우는 없음
• 영어 모음 중 "tense" vowel이라고 분류되는 모음으로 혀에 텐션이 조금은 들어 감

일반적인 스펠링	단어 예시
a	Happy

구강 모양

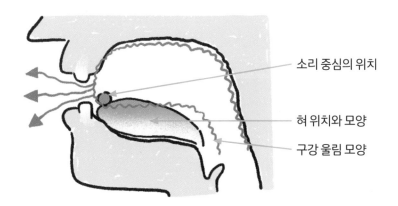

소리 중심의 위치

혀 위치와 모양

구강 울림 모양

공명 만드는 방법

1. 한국어의 "애" 소리에서 출발
2. **턱** 턱 관절에서 힘을 빼고 살짝 열림
3. **혀 모양** 혀 뒤쪽에 살짝 텐션을 주며 더 내림
   혀끝은 아랫니 뒤에 계속 쉬는 자세
4. **입 모양** 벌어짐
5. **소리 중심 위치** 구강 아래 공간의 앞쪽

🚩**주의 사항** : 혀 뒤쪽이 위로, 앞으로 밀리지 않게 구강 아래에 고정시켜 주세요.

스피킹 훈련 우리말과 비교하며 소리의 차이를 인지하는 훈련

한국식 발성 소리로 과장해서 먼저 발성해 본 후 위 방법대로 새로운 영어 발성 소리를 내며 서로 비교해 보세요.

애.플. 아니고 a~pple

기억하세요!

✔Check Point 1: 목구멍 360°로 열기
✔Check Point 2: 가슴뼈에 한 손 올리기
✔Check Point 3: 뒤 턱, 귀 뒤에 한 손 올리기

🍎 æ~æ~æ~æ~æ~æ~처럼 동굴 속 메아리가 점점 작아지며 여운이 남는 느낌

1. 한국식 단어 발성 (x1)

2. 이상적인 영어 단어 발성 (x2)

※ 아래의 빨간 글씨는 모두 "apple"의 "a" - /æ/ 모음으로 과장되게 발음해 주세요. 각 단어의 스펠링을 그대로 보존하여 보이는 글자와는 사뭇 다른 영어 모음 소리를 인지할 수 있게 해 주는 훈련입니다.

단어 앞 자리					
Act	Add	And	At	Absent	Accent
Acid	Active	Actor	Album	Aloe	Angle
Answer	Antique	Apple	Arrow	Actually	Africa
Alcohol	Allergy	Ambulance	Application	Anniversary	Avenue
단어 중간 자리					
Band	Bank	Can	Catch	Class	Fan
Gas	Ham	Hand	Jazz	Lamp	Man
Match	Pack	Pants	Plan	Sad	Sat
Snack	Stamp	Stand	Tan	Thanks	Track
Wax	Wrap	Balance	Ballet	Banner	Battle
Blanket	Caffeine	Camel	Campus	Cancel	Candle
Candy	Captain	Caption	Carrot	Challenge	Champagne
Channel	Chapter	Contact	Damage	Fashion	Gallon
Habit	Handle	Happy	Impact	Jacket	Language
Latin	Magic	Manage	Panic	Plastic	Random
Salad	Sample	Sandwich	Shampoo	Standard	Talent
Traffic	Translate	Travel	Academy	Atlantic	Bacteria
Badminton	Balcony	Basketball	Calendar	Calorie	Casual
Champion	Character	Collaborate	Congratulations	Dramatic	Dynamic
Exactly	Family	Fantastic	Gallery	Graduate	International
January	Manual	Master	Natural	Reaction	Saturday
Understand	Vocabulary	Daniel	Max	Ralph	Sandy

1. 한국식 발성으로 또박또박 단어 하나씩 읽기 (x1)
2. **끊어 읽기** 표시(/)를 확인하며 끊어 읽기 (x2)
3. 완전히 마스터할 때까지 반복 훈련하기

※ 모음 발성 교정을 도와주는 텅 트위스터(Tongue Twister) 식의 훈련입니다. 영어 리듬의 감도 훈련할 수 있도록 가장 일반적인 리듬의 단위로 끊어 읽기 표시를 하였습니다. 이렇게 끊어 읽기 단위로 훈련하는 것이 익숙해지면 다음 단계에 도전해 보세요.

1	a. Man has b. The man / has a hat. c. The man / has a hat / and a jacket.
2	a. Magic dynamic b. The magic show / was dynamic. c. The magic show / was dynamic / and dramatic.
3	a. Camping lantern b. We need / a camping lantern. c. We need / a camping lantern / for backpacking.
4	a. Actor mask b. The actor / used a facial mask. c. The actor / used an apple and aloe / facial mask.
5	a. Chapter animals b. That chapter / was about animals. c. That chapter / was about animals / that live in Africa.
6	a. Gallery cancel b. The gallery event / was cancelled. c. The gallery event / was cancelled / at the last minute.

7	a. Understand manager
	b. Did you understand / the manager?
	c. Did you happen / to understand / the manager / at all?
8	a. Ballet dancer
	b. The ballet dancer / tap danced.
	c. The ballet dancer / tap danced / and balanced / on a mat.
9	a. Salad habit
	b. Eating salad / every day / is my new habit.
	c. Eating salad / every day / is my new habit / since January.
10	a. Ham sandwich
	b. The ham sandwich / made Andy happy.
	c. The ham sandwich / and candy snacks / made Andy happy.
11	a. Caffeine have
	b. How much caffeine / does black coffee have?
	c. How much caffeine / does decaffeinated / black coffee have?
12	a. Banner hangs
	b. A banner / hangs on campus.
	c. A banner / hangs on campus / to congratulate / the graduates.
13	a. Band matching
	b. The band members / have matching pants.
	c. The band members / have matching pants / with carrot patterns.
14	a. Travel plans
	b. Travel plans / were made by the family.
	c. Travel plans / were made by the family / to visit the Grand Canyon.

15	a. Challenger champion
	b. The challenger / challenged the champion.
	c. The challenger / challenged the champion / to one last match.
16	a. Language academy
	b. The language academy / had international students.
	c. The language academy / had international students / in their classes.
17	a. Cans plastic
	b. Put the cans and plastic bottles / in the recycling bag.
	c. Put the cans and plastic bottles / in the recycling bag / this afternoon.
18	a. Drank champagne
	b. Annie and Frank / drank champagne.
	c. Annie and Frank / drank champagne / to celebrate / their anniversary.
19	a. Thankful collaboration
	b. Alice / was thankful / for the collaboration.
	c. Alice / was thankful / for the international / collaboration / between the jazz masters.
20	a. Shampoo plastic
	b. Shampoo bottles / are made of plastic / instead of glass.
	c. Shampoo bottles / are made of plastic / instead of glass / to prevent / bathroom damage.

• Step 3 | **필수 표현 & 이디엄 트레이닝**

1. 눈으로 읽으며 따라 말하기 (x2)

2. 읽지 않고 귀로 듣기만 하고 따라 말하기 (x2)

3. 문장 외워서 혼자 말하기 (x2)

※ 아래의 빨간 글씨는 모두 "apple"의 "a" - /æ/ 모음으로 과장되게 발음해 주세요. 각 단어의 스펠링을 그대로 보존하여 보이는 글자와는 사뭇 다른 영어 모음 소리를 인지할 수 있게 해 주는 훈련입니다.

Common Expressions

1	**Thanks.**	고마워요.
2	**Why is that?**	왜 그렇죠?
3	**I understand.**	이해해요.
4	**I can't imagine.**	상상할 수가 없어요.
5	**That's too bad.**	그렇게 되어 정말 아쉽네요. 그것 참 안타까운 일이네요.
6	**Happy birthday!**	생일 축하해요!
7	**That's fantastic!**	그것 정말 굉장한 일이네요!
8	**The traffic is bad.**	차가 많이 막혀요.
9	**I can't stand that.**	그런 것은 딱 질색이야.
10	**Have a great time!**	즐거운 시간 되세요!

Idioms

1. Practice what you preach
뜻: 언행이 일치하다

예시: Adam practices / what he preaches.

해석: 아담은 언행이 일치한다.

2. Crack up
뜻: 참지 못할 정도로 웃음이 나오다

예시: Alice's joke / made Sandy crack up.

해석: 앨리스의 농담에 샌디가 웃음을 터뜨렸다.

3. Back to square one
뜻: 원점으로 돌아가는

예시: I'm back to square one / with my diet plan.

해석: 내 다이어트는 처음부터 다시 시작해야 한다.

4. At the drop of a hat
뜻: 즉각적으로, 즉시

예시: I would travel to Amsterdam / at the drop of a hat.

해석: 암스테르담으로 여행 갈 기회가 있다면 즉시 떠나겠어요.

5. Slack off
뜻: 게을러지다, 최선을 다하지 않고 대충하다

예시: Allen promised / not to slack off / with his math studies.

해석: 앨런은 수학 공부를 게을리하지 않겠다고 약속했다.

6. Cat nap
뜻: 짧은 낮잠

예시: Uncle Ralph / took a cat nap on the sofa / during the family gathering.

해석: 랄프 삼촌은 가족 모임 때 소파에서 잠깐 주무셨다.

7. Jack of all trades, master of none
뜻: 많은 것을 할 줄 알지만 뛰어난 재주는 없는 사람

예시: Alex is happy / to be a jack of all trades, / master of none.

해석: 알렉스는 뛰어난 재주가 없어도 무엇이든 조금씩 할 수 있다는 것에 대해 행복해한다.

1. 눈으로 읽으며 따라 말하기 (x2)
2. 귀로 듣기만 하고 따라 말하기 (x2)

※ 아래의 빨간 글씨는 모두 "apple"의 "a" - /æ/ 모음으로 과장되게 발음해 주세요. 각 단어의 스펠링을 그대로 보존하여 보이는 글자와는 사뭇 다른 영어 모음 소리를 인지할 수 있게 해 주는 훈련입니다.

Famous Quotes & Book Excerpts

"We may have many tasks / we would like to accomplish / over the course / of the next twenty-four hours, / but only one task / is the supreme task right now."

우리는 앞으로 24시간 동안 많은 일들을 성취하고 싶지만, 현재로서는 단 한 가지 일만이 가장 중요한 일이다.

— Jeff Sanders, The Free-Time Formula

"One of the best ways / to make yourself happy / is to make other people happy. / One of the best ways / to make other people happy / is to be happy yourself."

자신을 행복하게 만드는 가장 좋은 방법은 다른 사람들을 행복하게 해 주는 것이다. 다른 사람들을 행복하게 해 줄 수 있는 가장 좋은 방법은 나 자신이 행복한 사람이 되는 것이다.

— Gretchen Rubin, The Happiness Project (Revised Edition):
Or, Why I Spent a Year Trying to Sing in the Morning, Clean My Closets,
Fight Right, Read Aristotle, and Generally Have More Fun

"Why were the highly accomplished / so dogged in their pursuits? / For most, / there was no realistic expectation / of ever catching up / to their ambitions. / In their own eyes, / they were never good enough. / They were the opposite / of complacent. / And yet, / in a very real sense, / they were satisfied / being unsatisfied. / Each was chasing something /

of unparalleled / interest and importance, / and it was the chase / — as much as the capture — / that was gratifying. / Even if some of the things / they had to do / were boring, or frustrating, / or even painful, / they wouldn't dream / of giving up. / Their passion was enduring."

왜 크게 성공한 사람들은 그들이 추구하는 것들에 대하여 그토록 완강했을까? 대부분의 경우에는 자신의 야망을 실제로 이룰 것이라는 것에 대한 현실적인 기대치가 없었다. 본인의 눈에는 자신이 늘 부족하게만 보였다. 안일한 것과는 정반대였던 것이다. 그러나 이런 불만족감에 대해서 사실상 만족하고 있었다. 타의 추종을 불허하는 흥미롭고 중요하다고 느끼는 무엇인가를 각자 쫓고 있었으며, 바로 이런 추구 자체를 획득만큼이나 흐뭇해했던 것이다. 비록 해야 하는 일이 지루하고 답답하고 고통스럽기까지 했어도 포기라는 것은 꿈도 꾸지 않았다. 그들의 열정은 지속되었다.

— Angela Duckworth, Grit: The Power of Passion and Perseverance

"A happy life / consists not in the absence, / but in the mastery / of hardships."

행복한 삶은 고난이 없음이 아니라 고난을 극복함으로서 이루어진다.

— Helen Keller

"And once you understand / that habits can change, / you have the freedom / — and the responsibility — / to remake them. / Once you understand / that habits can be rebuilt, / the power of habit / becomes easier to grasp, / and the only option left / is to get to work."

그리고 일단 습관이 바뀔 수 있다는 것을 알게 되면, 여러분은 습관을 다시 만들 자유와 책임을 갖게 됩니다. 일단 습관이 새로 세워질 수 있다는 것을 알게 되면, 습관의 힘은 더 쉽게 파악할 수 있게 되고, 남은 유일한 선택은 해야 할 일을 시작하는 것입니다.

— Charles Duhigg, The Power Of Habit: Why We Do What We Do In Life And Business

모음 7

lemon의 "e" 소리 - /e/ (/ɛ/)

"레몬" 아니고
lemon

 혀에서 힘을 완전히 다 뺀 느낌을 유지하며 깊게 발성해 보세요.

발음 표기법 /e/, /ɛ/, "eh"
Phonics 이름 **Short E**

특징

- 우리말의 "에" 소리와는 전혀 다른 소리
- 영어 단어에서 끝에 오는 경우는 없음
- 모음 6, "Apple"의 소리와는 다르게 "lax" vowel로 분류되는 완전 힘 빠진 소리

일반적인 스펠링	단어 예시
e	End
ea	Bread
a	Any
ai	Again

구강 모양

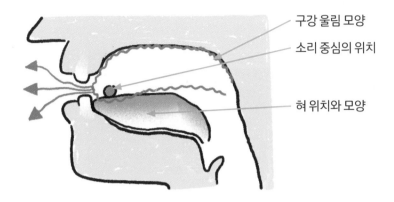

구강 울림 모양

소리 중심의 위치

혀 위치와 모양

공명 만드는 방법

1. 한국어의 "에" 소리에서 출발
2. 턱 턱 관절에서 힘을 빼고 살짝 닫음
3. 혀 모양 혀 전체가 힘없이 올라옴
4. 입 모양 힘없이 그냥 벌어져 있음
5. 소리 중심 위치 구강 중앙 앞쪽

▶ 주의 사항 : 혀에 텐션이 들어가면 목소리에서 힘을 더 빼고 톤을 낮추며 턱을 더 닫으면서 혀도 함께 힘을 더 빼 보세요.

스피킹 훈련 우리말과 비교하며 소리의 차이를 인지하는 훈련

한국식 발성 소리로 과장해서 먼저 발성해 본 후 위 방법대로 새로운 영어 발성 소리를 내며 서로 비교해 보세요.

레.몬. 아니고 le~mon.

기억하세요!

✔Check Point 1: 목구멍 360°로 열기
✔Check Point 2: 가슴뼈에 한 손 올리기
✔Check Point 3: 뒤 턱, 귀 뒤에 한 손 올리기

e~e~e~e~e~e~처럼 동굴 속 메아리가 점점 작아지며 여운이 남는 느낌

1. 한국식 단어 발성 (x1)

2. 이상적인 영어 단어 발성 (x2)

※ 아래의 빨간 글씨는 모두 "lemon"의 "e" - /e/ 모음으로 과장되게 발음해 주세요. 각 단어의 스펠링을 그대로 보존하여 보이는 글자와는 사뭇 다른 영어 모음 소리를 인지할 수 있게 해 주는 훈련입니다.

단어 앞 자리					
Any	Edge	End	Else	Echo	Edit
Effort	Empty	Engine	Enter	Entrance	Envy
Errand	Error	Essay	Exhale	Ever	Expert
Extra	Anything	Education	Elegance	Elephant	Elevator
Emerald	Enemy	Energy	Entrance	Estimate	Everybody
Everyone	Everything	Evidence	Excellent	Exercise	Extrovert
단어 중간 자리					
Bed	Bell	Belt	Best	Bet	Bless
Bread	Breath	Cell / Sell	Check	Chess	Chest
Desk	Dress	Fell	Fresh	Friend	Get
Guess	Guest	Head	Health	Help	Hem
Kept	Left	Less	Melt	Men	Met
Neck	Next	Peck	Pen	Pet	Press
Red	Rent	Rest	Said	Self	Sense
Set	Sketch	Smell	Step	Strength	Stretch
Ten	Tent	Test	Them	Then	Threat
Trend	Web	Well	Went	West	Wet
When	Yes	Yet	Accept	Address	Again
Belly	Berry	Better	Breakfast	Center	Collect
Comment	Concept	Connect	Content	Contest	Credit
Debit	Dentist	Expect	Forget	Gentle	Gesture
Intense	Legend	Lemon	Letter	Many	Member
Menu	Message	Never	Question	Ready	Second
Seven	Special	Unless	Very	Weather / Whether	Welcome
Together	Yellow	Yesterday	Ken	Jenny	Jessica

1. 한국식 발성으로 또박또박 단어 하나씩 읽기 (x1)
2. **끊어 읽기** 표시(/)를 확인하며 끊어 읽기 (x2)
3. 완전히 마스터할 때까지 반복 훈련하기

※ 모음 발성 교정을 도와주는 텅 트위스터(Tongue Twister) 식의 훈련입니다. 영어 리듬의 감도 훈련할 수 있도록 가장 일반적인 리듬의 단위로 끊어 읽기 표시를 하였습니다. 이렇게 끊어 읽기 단위로 훈련하는 것이 익숙해지면 다음 단계에 도전해 보세요.

1	a. Fred pet b. Fred / pats / the pet. c. Fred / pats / the pet's / wet head.
2	a. Check essay b. I checked / the essay. c. I checked / the essay / on your desk.
3	a. Best friend b. My best friend / helped me. c. My best friend / helped me / stretch.
4	a. Send message b. When will you / send / the message? c. When will you / send / the next message / to Kevin?
5	a. Pencil sketch b. Is that a / pencil sketch? c. Is that a / pencil sketch / of bells and / berries?
6	a. Collect shells b. Let's collect / many shells. c. Let's collect / many seashells / at the beach hotel.

7	a. Remember stretch b. Remember / to stretch / your neck. c. Remember / to stretch / your neck / before exercising.
8	a. Red pen b. Take the test / with a red pen. c. Ken told them / to take the test / with a red pen.
9	a. Any evidence b. Did anybody / find / any evidence? c. Did anybody / find / any evidence / by the entrance?
10	a. Restaurant menu b. The restaurant's / menu / had specials. c. The restaurant's / menu / had seven to ten / specials.
11	a. Get well b. Ben / took medicine / to get well. c. Ben / took medicine / to get well, / then his belly / felt better.
12	a. Belted dress b. The belted dress / kept trending. c. The yellow / belted dress / kept trending / again / and again.
13	a. Bed breakfast b. We went to / that bed and breakfast inn / again. b. We went to / that bed and breakfast inn / again / for the second time.
14	a. Elevator empty b. The west side / elevator / is empty. c. The west side / elevator / is empty / just in time / for the special guest.

15	a. Said blessing b. The elderly gentleman / said a blessing. c. The elderly gentleman / said a blessing / for everyone / at the event.
16	a. Red tent b. Santa's / red tent / smelled / like peppermint. c. Santa's / red tent / smelled / like peppermint / and fresh baked / bread.
17	a. Member welcome b. The president / welcomed / the members. c. The president / welcomed / the new members / at the medical convention.
18	a. Spend rest b. Jennie / will spend / the rest / of the day / with Jessica. c. Jennie / will spend / the rest / of the day / with Jessica / enjoying / the weather.
19	a. Web Internet b. The Web / gives easy access / to the Internet. c. The Web / gives easy access / to the Internet / for everyone / who wants / to connect.
20	a. Fresh breath b. Taking / fresh breaths / is good / for your health. c. Taking / fresh breaths / is good / for your health / and it helps / increase / your energy / levels.

1. 눈으로 읽으며 따라 말하기 (x2)

2. 읽지 않고 귀로 듣기만 하고 따라 말하기 (x2)

3. 문장 외워서 혼자 말하기 (x2)

※ 아래의 빨간 글씨는 모두 "lemon"의 "e" - /e/ 모음으로 과장되게 발음해 주세요. 각 단어의 스펠링을 그대로 보존하여 보이는 글자와는 사뭇 다른 영어 모음 소리를 인지할 수 있게 해 주는 훈련입니다.

Common Expressions

1	Not yet.	아직이요.
2	Anytime.	언제든지요. 천만에요.
3	I'm ready.	준비됐어요.
4	Excellent!	훌륭해요!
5	My pleasure.	(도움 드릴 수 있어) 저도 기뻐요.
6	Let me check.	제가 확인해 볼게요.
7	You're welcome.	천만에요.
8	Don't mention it.	별말씀을요. 천만에요.
9	Thanks for your help.	도움 주셔서 감사합니다.
10	Thank you for everything.	여러 가지로 감사합니다.

Idioms

1. Get off my chest
뜻: 고민, 고백 등을 털어 놓다
예시: I have something / to get off my chest.
해석: 나 사실 말할 것이 있어.

2. Cost an arm and a leg
뜻: 많은 돈이 들다
예시: The rent here / costs an arm and a leg.
해석: 여기 월세는 정말 비싸.

3. Birds of a feather flock together.
뜻: 유유상종, 끼리끼리 모임
예시: I guess birds of a feather / flock together.
해석: 유유상종인 것이지.

4. Neck and neck
뜻: 막상막하
예시: The two men / were neck and neck / in the race.
해석: 두 남자는 경주에서 막상막하였다.

5. When all else fails
뜻: 모든 방법을 동원해도 해결이 안 되면
예시: When all else fails, / take a step back / and relax.
해석: 모든 것을 시도했는데도 잘 안 된다면 잠시 멈추고 긴장을 풀어 보세요.

6. Get up on the wrong side of the bed
뜻: 일어날 때부터 기분이 안 좋다, 하루 종일 기분이 별로다
예시: Did you get up / on the wrong side of the bed / this morning?
해석: 오늘 왜 이렇게 기분이 안 좋아?

7. When life gives you lemons, make lemonade.
뜻: 어려움이 닥쳐도 좋은 기회로 만들 수 있다.
예시: Anyone can tell you, / "When life gives you lemons, / make lemonade."
해석: 어려움이 닥치면 좋은 기회로 만들어 보라고 누구나 말할 수 있다.

1. 눈으로 읽으며 따라 말하기 (x2)
2. 귀로 듣기만 하고 따라 말하기 (x2)

※ 아래의 빨간 글씨는 모두 "lemon"의 "e" - /e/ 모음으로 과장되게 발음해 주세요. 각 단어의 스펠링을 그대로 보존하여 보이는 글자와는 사뭇 다른 영어 모음 소리를 인지할 수 있게 해 주는 훈련입니다.

Famous Quotes & Book Excerpts

"The secret of getting ahead / is getting started. / The secret to getting started / is breaking / your overwhelming tasks / into small manageable tasks, / and then starting / on the first one."

성공하는 법에 대한 비밀은 바로 시작하는 것이다. 시작하는 법에 대한 비밀은 부담스럽게 생각되는 할일들을 감당할 수 있을 만큼의 작은 할일들로 쪼갠 다음 그중 첫 번째 것부터 시작하는 것이다.

— Mark Twain

"If you are insecure, / guess what? / The rest of the world is, / too. / Do not overestimate / the competition / and underestimate / yourself. / You are better / than you think."

자신이 없으시다면, 그거 아세요? 전 세계 모든 사람들도 그렇습니다. 경쟁 상대를 과대평가하면서 자신을 과소평가하지 마세요. 스스로 생각하는 것보다 당신은 더 나은 사람입니다.

— Timothy Ferriss, The 4-Hour Workweek:
Escape 9-5, Live Anywhere, and Join the New Rich

"I fully realize / that no wealth or position / can long endure, / unless built upon truth / and justice, / therefore, / I will engage in no transaction / which does not benefit / all whom it affects... / I will eliminate / hatred, / envy, / jealousy, / selfishness, / and cynicism, / by developing love / for all humanity, / because I know / that a negative attitude / toward others

/ can never bring me success. / I will cause others / to believe in me, / because I will / believe in them, / and in myself."

진실과 정의가 뒷받침하는 것이 아니라면 그 어떤 부 또는 지위도 지속될 수 없다는 것을 나는 충분히 알고 있다. 그러므로, 나는 관여된 모든 사람들에게 이득이 되지 않는 거래를 하지는 않을 것이다. 다른 사람들을 향한 부정적 태도는 절대로 나에게 성공을 가져다주지 않을 것이라는 것을 알고 있기 때문에 나는 증오, 질투, 시기, 이기심, 냉소주의를 제거할 것이다. 나는 다른 사람들과 나 자신을 믿기 때문에 다른 사람들도 나를 믿게 할 것이다.

— Napoleon Hill, Think and Grow Rich

"A lot of people / will just stop / because they're dead tired. / You gotta do / that extra one. / That's when you improve."

많은 사람들이 몹시 피곤할 때 그냥 멈출 것이다. 그때 하나를 더 해야 한다. 바로 그때 실력이 는다.

— Usain Bolt

"We need to find ways / to use the Net / to deepen our own /self-awareness /and self-understanding, / to cultivate / our own inner lives / and spiritual practices. / We need to recognize / that our true value / as human beings / comes not / from our external connections / and accomplishments, / but from our internal / sense of purpose / and meaning."

우리는 우리 자신의 내면 생활과 영적 수행을 발전시키기 위한 자기 인식과 자기 이해를 깊게 할 수 있는 인터넷 사용법을 찾아야 한다. 우리는 인간으로서의 진정한 가치가 외부적인 관계와 성취에서 나오는 것이 아닌 내적인 목적 의식과 의미로부터 나온다는 것을 인식해야만 한다.

— Nicholas Carr, The Shallows: What the Internet Is Doing to Our Brains

bean의 "ea" 소리 - /i/

"빈" 아니고
bean

 혀 전체를 입천장에 최대한 가까이 바짝 올려서 발성해 보세요.

발음 표기법 /i/, [ē], "ee"
Phonics 이름 **Long E**

 특징
- 한국어의 "이" 소리와 매우 다른 소리
- 흔히 길게 발음된다고 생각되는 소리이지만 사실은 항상 길게 발음되지 않음
- 구강에서 가장 높이 앞쪽에서 울리는 영어 모음 소리
- 소리가 입천장쪽으로 납작하게 눌리는 느낌의 소리
- 입술보다는 혀가 주관하는 소리

일반적인 스펠링	단어 예시
ee	Meet
ea	Eat
e_e	These
ei	Receipt
ie	Piece
y	Happy

구강 모양

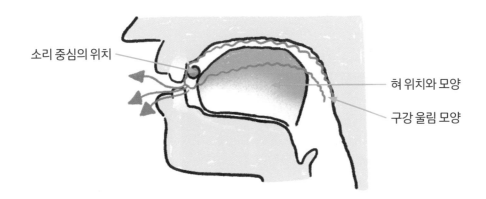

소리 중심의 위치

혀 위치와 모양

구강 울림 모양

공명 만드는 방법

1. 한국어의 "이" 소리에서 출발

2. 턱 턱 관절에서 힘을 빼고 살짝 열린 자세

3. 혀 모양 혀끝은 자유롭게 쉬는 자세
   나머지 혀는 입천장에 거의 붙음

4. 입 모양 중립 자세로 살짝 열림, 입꼬리에서 힘 빼기

5. 소리 중심 위치 입천장 가장 앞쪽

▶ 주의 사항 : 혀가 계속 내려오려고 하면 혀끝은 아랫니 뒤에 고정시켜 놓고 혀 중심은 입천장으로 최대한
올리며 소리 내어 보세요.

스피킹 훈련 우리말과 비교하며 소리의 차이를 인지하는 훈련

한국식 발성 소리로 과장해서 먼저 발성해 본 후 위 방법대로 새로운 영어 발성 소리를 내며 서로 비교해 보세요.

빈. 아니고 bea~n.

기억하세요!

✓Check Point 1: 목구멍 360°로 열기

✓Check Point 2: 가슴뼈에 한 손 올리기

✓Check Point 3: 뒤 턱, 귀 뒤에 한 손 올리기

 i~i~i~i~i~ 처럼 동굴 속 메아리가 점점 작아지며 여운이 남는 느낌

1. 한국식 단어 발성 (x1)

2. 이상적인 영어 단어 발성 (x2)

※ 아래의 빨간 글씨는 모두 "bean"의 "ea" - /i/ 모음으로 과장되게 발음해 주세요. 각 단어의 스펠링을 그대로 보존하여 보이는 글자와는 사뭇 다른 영어 모음 소리를 인지할 수 있게 해 주는 훈련입니다.

단어 앞 자리					
Each	Ease	East	Eat	Eel	Eve
Eagle	Ego	Either	E-mail	Equal	Even
단어 끝 자리					
Be / Bee	Free	He	Key	Knee	Me
Pea	See / Sea	She	Ski	Three	Tree
We	Any	Baby	Battery	Belly	Berry
Agree	Body	Candy	Carry	City	Coffee
Copy	Degree	Dizzy	Easy	Every	Family
Jelly	Lady	Party	Pretty	Sorry	Very
Windy	Biography	Property	Overseas	Guarantee	Employee
단어 중간 자리					
Beach	Bean	Beef	Cheap	Cheese	Clean
Cream	Deep	Dream	Feed	Feet	Freeze
Heat	Jeans	Jeep	Geek	Green	Greet
Keep	Lead	Leaf	Meat / Meet	Neat	Peace / Piece
Peach	Peek	Please	Read	Seat	Scream
Screen	Sheep	Sheets	Sleep	Speech	Speak
Speed	Street	Teach	Team	Teen	Theme
Weak / Week	Achieve	Being	Believe	Between	Breathing
Ceiling	Compete	Complete	Delete	Extreme	Female
Freezing	Legal	Museum	Reason	Receive	Recycle
Relieved	Repeat	Rewind	Season	Vegan	Zebra
Appreciation	Appropriate	Gene	Steve		

1. 한국식 발성으로 또박또박 단어 하나씩 읽기 (x1)

2. **끊어 읽기** 표시(/)를 확인하며 끊어 읽기 (x2)

3. 완전히 마스터할 때까지 반복 훈련하기

※ 모음 발성 교정을 도와주는 텅 트위스터(Tongue Twister) 식의 훈련입니다. 영어 리듬의 감도 훈련할 수 있도록 가장 일반적인 리듬의 단위로 끊어 읽기 표시를 하였습니다. 이렇게 끊어 읽기 단위로 훈련하는 것이 익숙해지면 다음 단계에 도전해 보세요.

1	a. Green jeep b. I see / the green jeep. c. I see / the green jeep / between the trees.
2	a. Coffee or tea b. Would you like coffee / or tea? c. Would you like / to order / any coffee / or tea?
3	a. Meet the baby. b. Meet / my baby niece. c. This weekend, / I will meet / my baby niece, Evie.
4	a. We are ready. b. I believe / we are ready. c. I believe / we are ready / to go study / overseas.
5	a. Need to clean b. He needs / to clean / each bedsheet. c. He needs / to clean / each bedsheet / every week.
6	a. Read quietly. b. Read quietly / in the library. c. You need / to read quietly / in the library, / please.

7	a. We agree. b. We agree / to say sorry. c. We agree / to say sorry / in our e-mail / to the lady.
8	a. Keep recycling b. We need / to keep recycling. c. We need / to keep recycling / properly / every time.
9	a. Party people b. The party / made people / dizzy. c. The crazy party / in the city / made people / feel dizzy.
10	a. Jelly beans b. The jelly beans / are free. c. The jelly beans / are free / for the company / employees.
11	a. Windy and rainy b. Can you see / if it's windy / and rainy? c. Can you see outside / if it's currently / windy / and rainy?
12	a. Cheap peaches b. Peaches / are cheap / at the grocery / store. c. Peaches / are cheap / at the grocery / store / this season.
13	a. Deep sleep b. Deep sleep / may lead you / to dream. c. Deep sleep / may lead you / to experience / many dreams.
14	a. Eat cheese. b. Who wants / to eat / cheese candy? c. Who wants / to eat / cheese candy / at Halloween parties?

15	a. Icy theme park b. The theme park / was icy. c. The theme park / was icy / because of / the freezing weather.
16	a. Speeding through the street b. Steve / was speeding / through the street. c. Steve / was carrying / sheep / and speeding / through the street.
17	a. Teenage athletes b. The teenage / athletes / received / a trophy. c. The teenage / athletes / received / a trophy / on behalf / of the team.
18	a. Eagle sweeps b. The eagle / sweeps / above the beach. c. The eagle / sweeps / through the sky / above the beach / each evening.
19	a. Beauty and the Beast b. Disney's / *Beauty and the Beast* / is a movie. c. Disney's / *Beauty and the Beast* / is a movie / I watched / in nineteen-ninety-three.
20	a. Museum weekend b. We can go / to the museum / this weekend. c. We can go / to the history museum / this weekend / to see / a variety / of exhibits.

1. 눈으로 읽으며 따라 말하기 (x2)

2. 읽지 않고 귀로 듣기만 하고 따라 말하기 (x2)

3. 문장 외워서 혼자 말하기 (x2)

※ 아래의 빨간 글씨는 모두 "bean"의 "ea" - /i/ 모음으로 과장되게 발음해 주세요. 각 단어의 스펠링을 그대로 보존하여 보이는 글자와는 사뭇 다른 영어 모음 소리를 인지할 수 있게 해 주는 훈련입니다.

Common Expressions

1	I see.	그렇군요. 알겠습니다.
2	Are you free?	시간 있으세요?
3	See you later.	다음에 또 만나요.
4	Good evening.	즐거운 저녁 되세요.
5	I totally agree.	저도 완전 동의해요.
6	I don't feel like it.	기분이 썩 내키지 않는데요.
7	Nice to meet you.	만나서 반갑습니다.
8	What do you mean?	무슨 말씀이시죠? 어떤 의미이시죠?
9	I really appreciate it.	정말 감사한 마음입니다.
10	Could you repeat that, please?	다시 한번 말씀해 주시겠어요?

Idioms

1. Leave[let] it be
뜻: 순리에 맡기다, 그냥 내버려 두다

예시: Don't swat the bee / and just leave it be.

해석: 벌을 잡으려고 하지 말고 그냥 둬라.

2. One and only
뜻: 단 하나밖에 없는, 귀중한, 유일한

예시: Steve / is the one and only boy / on that ski team.

해석: 스티브는 그 스키팀의 유일한 남자다.

3. Meet and greet
뜻: 같은 분야나 관심을 가진 사람들끼리 만나서 어울릴 수 있는 이벤트

예시: Gene will attend / the new employee / meet and greet.

해석: 진은 새로운 직원들을 위해 마련된 만남의 이벤트에 참석할 것이다.

4. Speak from my heart
뜻: 진심으로 말하다

예시: I speak from my heart / when I say / you mean so much to me.

해석: 이건 진심인데, 너는 나에게 정말 소중한 존재야.

5. Green with envy
뜻: 감추기 어려울 정도로 매우 부러워하고 질투가 나는

예시: Dean / was green with envy / when he saw / Pete's new Jeep.

해석: 피트의 새로운 지프 차를 본 순간 딘은 감출 수 없을 정도로 부러웠다.

6. Bark up the wrong tree
뜻: 잘못 짚다, 헛다리를 짚다

예시: The policeman / was barking up the wrong tree / on catching the thief.

해석: 경찰이 도둑을 잡으려고 하는데 잘못 짚었었다.

7. Easy come, easy go
뜻: 쉽게 얻고 쉽게 잃는 것

예시: Harry always says, / "Easy come, easy go" / when he gambles.

해석: 해리는 도박할 때 늘 "쉽게 얻고 쉽게 잃는 거지."라고 말한다.

1. 눈으로 읽으며 따라 말하기 (x2)

2. 귀로 듣기만 하고 따라 말하기 (x2)

※ 아래의 빨간 글씨는 모두 "bean"의 "ea" - /i/ 모음으로 과장되게 발음해 주세요. 각 단어의 스펠링을 그대로 보존하여 보이는 글자와는 사뭇 다른 영어 모음 소리를 인지할 수 있게 해 주는 훈련입니다.

Famous Quotes & Book Excerpts

"Make small commitments / and keep them. / Be a light, / not a judge. / Be a model, / not a critic. / Be part of the solution, / not part of the problem."

전념할 작은 일들을 정해서 성사시켜라. 평가하지 말고 빛이 되라. 비판하지 말고 본보기가 되라. 문제의 일부분이 되지 말고 해결책의 일부분이 되라.

— Stephen R. Covey, The 7 Habits of Highly Effective People: Powerful Lessons in Personal Change

"OPTIMISTS' CLUB CREED: / Promise yourself – / To be so strong / that nothing can disturb / your peace of mind. / To talk health, / happiness, / and prosperity / to every person you meet. / To make all your friends feel / that there is something / of value in them. / To look at the sunny side / of everything / and make your optimism / come true."

낙관주의자 클럽 신조: 자신과 약속하라 - 그 어떠한 것도 마음의 평화를 방해할 수 없을 정도로 강해질 것이다. 만나는 모든 사람에게 건강, 행복, 번창을 전할 것이다. 주위 모든 친구들이 그들 안의 가치를 느낄 수 있게 해 줄 것이다. 매사에 긍정적인 면을 보며 낙관성이 현실로 이루어지게 만들 것이다.

— Anthony Robbins, Awaken the Giant Within: How to Take Immediate Control of Your Mental, Emotional, Physical and Financial Destiny!

"Belief, / strong belief, / triggers the mind / to figuring ways and means / and how-to. / And believing you can succeed / makes others place confidence in you... / Those who believe they can move mountains, / do. / Those who believe they can't, / cannot. / Belief triggers the power to do... / Belief in success / is the one basic, / absolutely essential ingredient / in successful people. / Believe, / really believe, / you can succeed / and you will."

믿음, 강한 믿음은 마음을 작동시키게 되어 수단과 방법과 요령을 터득하게 해 준다. 그리고, 성공할 수 있다는 믿음은 다른 사람들도 당신을 믿게 해 준다. 산을 움직일 수 있다고 믿는 사람들은 그렇게 한다. 그렇게 하지 못한다고 믿는 사람들은 실제로 그렇게 하지 못한다. 믿음은 행할 수 있는 파워를 작동시킨다. 성공에 대한 믿음은 성공한 사람들이 가지고 있는 하나뿐인 가장 기본적이고 없어서는 안 될 재료와도 같다. 믿으라, 성공할 수 있다고 진심으로 믿으라. 그러면 성공할 것이다.

— David J. Schwartz, The Magic of Thinking Big

"Those three things / - autonomy, / complexity / and a connection / between effort / and reward / - are, / most people agree, / the three qualities / that work / has to have / if it is to be satisfying. / It is not / how much money / we make / that ultimately / makes us happy / between nine and five. / It's whether our work / fulfills us."

대부분 사람들은 일이 만족스럽다고 느껴지기 위해서는 자율성, 복잡성, 그리고 노력과 보상, 이 세 가지가 모두 충족되어야 한다는 것에 동의한다. 우리가 돈을 얼마나 버는지는 궁극적으로 우리가 9시에서 5시까지 일하는 동안 우리를 행복하게 해 주지 않는다. 우리가 하는 일이 과연 우리를 만족시키는지가 관건인 것이다.

— Malcolm Gladwell, Outliers: The Story of Success

"A dream / without action / is merely a wish. / Action / without a dream / is merely passing time. / But a dream / with action / can change / the world."

행동이 없는 꿈은 그저 소망일 뿐이다. 행동이 없는 꿈은 그저 시간을 보내는 것에 불과하다. 하지만 행동이 있는 꿈은 세상을 바꿀 수 있다.

— Willie Jolley, It Only Takes a Minute to Change your Life

모음 9

pumpkin의 "i" 소리 - /ɪ/

"펌킨" 아니고
pumpkin

 TIP 혀 전체를 최대한 구강 아래쪽으로 내리면서
깊고 길게 소리 내는 느낌으로 발성해 보세요.

발음 표기법 /ɪ/, "i"
Phonics 이름 Short I

특징
- 한국어의 "이" 소리와 매우 다른 소리
- "bean"의 가로로 납작한 /i/ 느낌의 발성에 비해 /ɪ/는 구강 내에서 세로로 길쭉하게 울리는 발성
- 입술보다는 혀가 주관하는 소리
- 영어 단어에서 끝에 오는 경우는 없음
- 모음 7, lemon의 /e/와 비슷한 소리로 들리는 한국인들이 많음

일반적인 스펠링	단어 예시
i	It
e	English
y	Myth

구강 모양

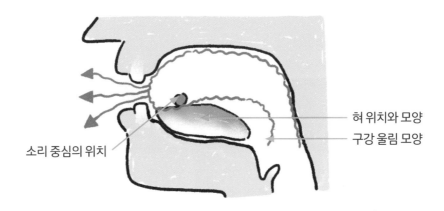

혀 위치와 모양
구강 울림 모양
소리 중심의 위치

공명 만드는 방법

1. 한국어의 "이" 소리에서 출발

2. 턱 턱 관절에서 힘을 빼고 /i/보다는 살짝 더 열린 자세

3. 혀 모양 혀끝은 아랫니 뒤에 쉬는 자세

    나머지 혀도 구강 바닥쪽으로 내림

4. 입 모양 중립 자세로 살짝 열림

5. 소리 중심 위치 소리가 /i/처럼 납작하지 않고 구강 앞쪽에서 위 아래로 울려 퍼지는 느낌

▶ 주의 사항 : 계속해서 한국식 "이" 발음이 나오면 혀 전체를 더 내리고 "에"에 가깝게 소리 내어 보세요. "이"와 "에" 사이에 영어 /ɪ/ 소리가 있습니다.

스피킹 훈련 우리말과 비교하며 소리의 차이를 인지하는 훈련

한국식 발성 소리로 과장해서 먼저 발성해 본 후 위 방법대로 새로운 영어 발성 소리를 내며 서로 비교해 보세요.

펌.킨. 아니고 pumpki~n.

기억하세요!

✔Check Point 1: 목구멍 360°로 열기
✔Check Point 2: 가슴뼈에 한 손 올리기
✔Check Point 3: 뒤 턱, 귀 뒤에 한 손 올리기

 I~I~I~I~ɪ~ɪ-처럼 동굴 속 메아리가 점점 작아지며 여운이 남는 느낌

1. 한국식 단어 발성 (x1)
2. 이상적인 영어 단어 발성 (x2)

※ 아래의 빨간 글씨는 모두 "pumpkin"의 "i" - /ɪ/ 모음으로 과장되게 발음해 주세요. 각 단어의 스펠링을 그대로 보존하여 보이는 글자와는 사뭇 다른 영어 모음 소리를 인지할 수 있게 해 주는 훈련입니다.

단어 앞 자리					
If	Ill	In	Is	It	English
Exam	Image	Impact	Impress	Improve	Include
Income	Increase	Indeed	Index	Indoors	Inform
Injure	Inner	Input	Insect	Inside	Insight
Insist	Inspired	Instance	Instead	Intense	Into
Invent	Invite	Involve	Isn't	Issue	Itself
Imagination	Imitation	Important	Impression	Incredible	Influence
Instructions	Insurance	Interesting	Interview	Introduce	Investment
단어 중간 자리					
Big	Bit	Brick	Bridge	Bring	Build
Chill	Chin	Chips	Did	Dip	Dish
Disk	Drink	Fill	Fish	Fit	Fix
Flip	Gift	Give	Him	His	Hit
Kid	King	Lid	Lip	List	Pick
Prince	Print	Quick	Rich	Ring	Ship
Sick	Since	Sing	Sit	Six	Skill
Skin	Slim	Spring	Still	Swim	Swing
Switch	Thin	Thing	Think	This	Tin
Tip	Trip	Which	Will	Win	Wish
With	Basic	Begin	Being	Billion	Building
Business	Busy	Ceiling	Chicken	Children	Christmas
City	Cleaning	Clinic	Didn't	Dinner	Doing
During	Engine	Fifteen	Graphic	Kitchen	Nothing
Office	Plastic	Service	Classical	Minimal	Musical
Positively	Possibility	Sympathy	Video	Kipper	Vicky

1. 한국식 발성으로 또박또박 단어 하나씩 읽기 (x1)
2. **끊어 읽기** 표시(/)를 확인하며 끊어 읽기 (x2)
3. 완전히 마스터할 때까지 반복 훈련하기

※ 모음 발성 교정을 도와주는 텅 트위스터(Tongue Twister) 식의 훈련입니다. 영어 리듬의 감도 훈련할 수 있도록 가장 일반적인 리듬의 단위로 끊어 읽기 표시를 하였습니다. 이렇게 끊어 읽기 단위로 훈련하는 것이 익숙해지면 다음 단계에 도전해 보세요.

1	a. Lift chin b. Lift / your chin / and think. c. Lift / your chin / and think big.
2	a. Dip the chips. b. Did you dip / the chips / in this? c. Did you dip / the chips / in this milk?
3	a. Will win b. Which team / will win? c. Which team / do you think / will win?
4	a. English improved b. Tim's English / improved. c. Tim's English / improved / this winter.
5	a. Important to tip b. It's important / to tip / in America. c. It's important / to tip / in America, / isn't it?
6	a. Pick ingredients b. Pick / the ingredients. c. Pick / the ingredients / and mix them / in a dish.

| 7 | a. King and prince |
| | b. The king / thinks / the prince / is innocent. |
	c. The king / thinks / the prince / is simply / innocent.
8	a. Include image
	b. Be sure / to include / the image.
	c. Be sure / to include / the image / of the simple ship.
9	a. Milky mist
	b. The mist / was milky.
	c. The mist / was milky / and made / Lynn's skin / pink.
10	a. Kim wishes
	b. Kim / wishes / to be fit.
	c. Kim / wishes / to be fit / instead of skinny / and slim.
11	a. Dentist drill
	b. The dentist / drilled / the teeth.
	c. The dentist / drilled / the teeth / then filled / them up.
12	a. Big trip
	b. Linda / is planning / a big trip.
	c. Linda / is planning / a big trip / to Italy/ with her sister.
13	a. Finished reading
	b. The director / finished reading.
	a. The director / finished reading / six thick / film scripts.
14	a. Business is busy.
	b. Rick's / business / is busy.
	c. Rick's / business / is busy / with checking / the systems.

15	a. This drink
	b. Jim / thinks / this drink / is his.
	c. Jim / thinks / this drink / is his / because / he took a sip.
16	a. Singer is singing.
	b. The musical singer / is singing.
	c. The incredible / musical singer / is singing / impressively.
17	a. Brick building
	b. The clinic / is in the brick building.
	c. The clinic / is in the brick building / in the middle of / the city.
18	a. Christmas gifts
	b. Will we give / Christmas gifts / to the children?
	c. Will we give / Christmas gifts / to the children / by midnight?
19	a. Print anything.
	b. You can print / and copy anything.
	c. You can print / and copy anything / from the office's / ink printer.
20	a. Interesting building
	b. The Chicago / Architecture / Center / is an interesting / building.
	c. The Chicago / Architecture / Center / is an interesting / building / and so is / the historical / Wrigley Building.

1. 눈으로 읽으며 따라 말하기 (x2)

2. 읽지 않고 귀로 듣기만 하고 따라 말하기 (x2)

3. 문장 외워서 혼자 말하기 (x2)

※ 아래의 빨간 글씨는 모두 "pumpkin"의 "i" - /ɪ/ 모음으로 과장되게 발음해 주세요. 각 단어의 스펠링을 그대로 보존하여 보이는 글자와는 사뭇 다른 영어 모음 소리를 인지할 수 있게 해 주는 훈련입니다.

Common Expressions

1	**That's it?**	그게 다인가요?
2	**This is it.**	이것 밖에 없어요. 바로 이거예요.
3	**I think so.**	그런 것 같아요.
4	**Have a nice trip.**	즐거운 여행 되세요.
5	**What do you think?**	어떻게 생각하세요?
6	**Let me think about it.**	생각해 볼게요.
7	**Just a minute, please.**	잠시만요.
8	**I've been so busy these days.**	요즘 정말 바빴어요.
9	**Thank you for the invitation.**	초대해 주셔서 감사합니다.
10	**I'm fine with anything.**	저는 아무거나 괜찮아요.

Idioms

1. Put on your thinking cap
뜻: 곰곰이 생각하다

예시: It's time / to put on your thinking cap.

해석: 한 번 곰곰이 생각해 볼 때야.

2. Big hit
뜻: 대성공, 대박

예시: Lynn's chicken dish / was a big hit.

해석: 린의 닭고기 요리가 대성공이었다.

3. Through thick and thin
뜻: 기쁠 때나 슬플 때나, 어떠한 어려움 속에서도

예시: I'll be with you / through thick and thin.

해석: 무슨 일이 있어도 항상 너의 곁에 있을게.

4. Keep your chin up
뜻: 기운 내다, 어려움 속에서도 힘을 내다

예시: Keep your chin up / and think positively.

해석: 기운 내고 긍정적으로 생각해 봐.

5. Hit or miss
뜻: 성공이 될 수도 있고 실패가 될 수도 있는, 계획 없이 되는대로, 운에 따르는

예시: This Christmas musical / will be a hit or miss.

해석: 이 크리스마스 뮤지컬은 성공할 수도 있고 실패할 수도 있겠다.

6. Build bridges
뜻: 긍정적인 관계를 형성하다

예시: It is important to build bridges / in the business industry.

해석: 비즈니스 분야에서 긍정적인 관계들을 만들어 놓는 것이 중요하다.

7. Ignorance is bliss
뜻: 모르는 게 약이다

예시: Some people think / ignorance is bliss / and don't read all the news.

해석: 어떤 사람들은 모르는 게 약이라고 생각하며 모든 뉴스를 읽지 않는다.

1. 눈으로 읽으며 따라 말하기 (x2)
2. 귀로 듣기만 하고 따라 말하기 (x2)

※ 아래의 빨간 글씨는 모두 "pumpkin"의 "i" - /ɪ/ 모음으로 과장되게 발음해 주세요. 각 단어의 스펠링을 그대로 보존하여 보이는 글자와는 사뭇 다른 영어 모음 소리를 인지할 수 있게 해 주는 훈련입니다.

Famous Quotes & Book Excerpts

"What you are afraid of / is never as bad / as what you imagine. / The fear / you let build up / in your mind / is worse / than the situation / that actually exists."

당신이 두려워하는 것은 결코 당신이 상상하는 것만큼 나쁘지 않다. 당신이 마음속에 쌓아 두고 있는 두려움은 실제로 존재하는 상황보다 더 안 좋다.

— Spencer Johnson, Who Moved My Cheese?:
An Amazing Way to Deal with Change
in Your Work and in Your Life

"'Why did you do all this / for me?' he asked. / 'I don't deserve it. / I've never done anything / for you.' / 'You have been my friend,' / replied Charlotte. / 'That in itself / is a tremendous thing.'"

"왜 나를 위해서 이 모든 것을 한 거야?"라고 그는 물었다. "난 이걸 받을 자격이 없어. 너를 위해서 아무것도 해 준 것이 없는 걸." "넌 내 친구가 되어 주었잖아." 샬롯이 말했다. "그 자체가 엄청난 것이야."

— E.B. White, Charlotte's Web

"At the core / of why those habits / were so effective, / why they acted / as keystone habits, / was something known / within academic literature / as a "small win." / Small wins / are exactly / what they sound like, / and are part of / how keystone habits create / widespread changes. / A huge body of research has shown / that small wins / have enormous power, / an influence."

왜 그 습관들이 그렇게 효과적이었는지, 왜 그 습관들이 핵심 습관의 역할을 했는지에 대한 중심에는, 학문적 문헌에서 알려진 '작은 승리'가 있었다. 작은 승리들은 말 그대로인 의미를 가지고 있고, 핵심 습관이 일으키는 변화의 파장에 한몫한다. 많은 연구 결과들이 작은 승리들이 영향력과 같은 엄청난 힘을 가지고 있다는 것을 보여 주었다.

— Charles Duhigg, The Power Of Habit:
Why We Do What We Do In Life And Business

"The magic / of the compound effect / is that it will multiply / whatever you feed it. / If you consistently act / in the direction of your goals, / your small steps / will eventually lead / to big results. / If you consistently act / in the direction of your fears, / your small failures / will eventually lead / to big failures."

복리 효과의 마법은 무엇을 먹이든 그것이 증가한다는 것이다. 목표를 향해 꾸준히 행동한다면, 작은 발걸음은 결국 큰 결과로 이어질 것이다. 만약 두려움의 방향으로 꾸준히 행동한다면, 작은 실패는 결국 큰 실패로 이어질 것이다.

— Darren Hardy, The Compound Effect:
Jumpstart Your Income, Your Life, Your Success

"It was the best of times, / it was the worst of times, / it was the age of wisdom, / it was the age of foolishness, / it was the epoch of belief, / it was the epoch of incredulity, / it was the season of Light, / it was the season of Darkness, / it was the spring of hope, / it was the winter of despair, / we had everything before us, / we had nothing before us, / we were all going direct to Heaven, / we were all going direct the other way."

최고의 시절이자 최악의 시절, 지혜의 시대이자 어리석음의 시대였다. 믿음의 세기이자 의심의 세기였으며, 빛의 계절이자 어둠의 계절이었다. 희망의 봄이면서 곧 절망의 겨울이었다. 우리 앞에는 모든 것이 있었지만 한편으로 아무것도 없었다. 우리는 모두 천국으로 향해 가고자 했지만 우리는 다른 방향으로 걸어갔다.

— Charles Dickens, A Tale of Two Cities

모음 10

banana의 "a" 소리 - /ə/

"바나나" 아니고
banana

TIP 혀를 포함한 구강 전체에 모두 힘을 다 풀고
앞뒤 소리 사이에서 미끄러지듯 발성해 보세요.

발음 표기법 /ə/, "uh"

Phonics 이름 Schwa

 특징
- 영어에서 가장 자주 들리고, 가장 짧고, 가장 힘 빠지고, 가장 중립적인 모음 소리
- Onion의 /ʌ/와 가장 가깝지만 더 축약되고 낮은 발성 소리
- Pumpkin의 /ɪ/ 또는 lemon의 /e/처럼 소리 나는 경우도 많음
- 혀를 포함한 구강의 모든 근육의 힘이 풀린 느낌
- 영어 단어 내의 약강세 음절에서 흔하게 나는 소리

일반적인 스펠링	단어 예시
a	Again
e	Problem
i	Family
o	Person
io	Question
u	Support

구강 모양

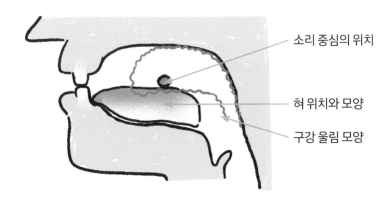

소리 중심의 위치

혀 위치와 모양

구강 울림 모양

공명 만드는 방법

1. 한국어의 "어" 소리에서 출발
2. **턱** 턱 관절에서 완전히 힘 빼기 (움직임이 없음)
3. **혀 모양** 혀에서도 완전히 힘 빼기(움직임이 없음)
4. **입 모양** 입술에서도 완전히 힘 빼기 (움직임이 없음)
5. **소리 중심 위치** 한숨 쉴 때 나오는 울림소리와도 같이 힘없이 구강 중간쯤에서 퍼지는 소리

▶ **주의 사항** : 발성과 구강에 힘이 잘 안 빠진다면 발음을 한다는 느낌보다 그냥 정체 없는 울림소리만 낸다는
느낌으로 소리를 내 보세요.

스피킹 훈련 우리말과 비교하며 소리의 차이를 인지하는 훈련

한국식 발성 소리로 과장해서 먼저 발성해 본 후 위 방법대로 새로운 영어 발성 소리를 내며 서로 비교해 보세요.

바.나.나. 아니고 ba~nana~.

기억하세요!

유일하게 체크 포인트가 없는 모음입니다. 소리를 일부러 만들어 내지 않고 그냥 힘을 빼고
목소리를 짧게 울려 주기만 하세요.

● Step 1 │ 단어 트레이닝

1. 한국식 단어 발성 (x1)

2. 이상적인 영어 단어 발성 (x2)

※ 아래의 빨간 글씨는 모두 "banana"의 "a" - /ə/ 모음으로 과장되게 발음해 주세요. 각 단어의 스펠링을 그대로 보존하여 보이는 글자와는 사뭇 다른 영어 모음 소리를 인지할 수 있게 해 주는 훈련입니다.

단어 앞 자리					
A*	An*	And*	Are*	As*	At*
Of*	About	Above	Again	Apply	Around
Unless	Until	Upon	Agenda	Amendment	Another
Adventure	Appreciation	Appropriate	Attractive	Available	Occasion
단어 끝 자리					
The*	Asia	Comma	Extra	Lava	Panda
Pasta	Soda	Sofa	Banana	Canada	Korea
단어 중간 자리					
But*	Can*	Could*	Had*	Has*	Have*
Should*	Was*	With*	Would*	Action	Album
August	Bagel	Balloon	Bottom	Calcium	Campus
Cannot	Carrot	Central	Circus	Client	Common
Happen	Heaven	Lemon	Movement	Nickel	Panini
Pedal	Problem	Protect	Provide	Reason	Royal
Salad	Season	Stomach	Success	Supply	Support
System	Thousand	Today	Virus	Actually	American
Animal	Attention	Capital	Celebrate	Children	Classical
Coincidence	Community	Communication	Continue	Cultural	Curriculum
Department	Different	Difficult	Disappear	Environment	Especially
Family	Foreigner	Hospital	International	Maximum	Medium
Memory	Minimal	Moment	Musical	National	Natural
Obvious	Original	Pencil	Personal	Police	Premium
Probably	Purpose	Remember	Serious	Successful	Tomorrow
Usually	Vitamin	Isabella	Jessica	Michael	Steven

* 문장 내에서 약하게 발음될 때

118

1. 한국식 발성으로 또박또박 단어 하나씩 읽기 (x1)
2. **끊어 읽기** 표시(/)를 확인하며 끊어 읽기 (x2)
3. 완전히 마스터할 때까지 반복 훈련하기

※ 모음 발성 교정을 도와주는 텅 트위스터(Tongue Twister) 식의 훈련입니다. 영어 리듬의 감도 훈련할 수 있도록 가장 일반적인 리듬의 단위로 끊어 읽기 표시를 하였습니다. 이렇게 끊어 읽기 단위로 훈련하는 것이 익숙해지면 다음 단계에 도전해 보세요.

1	a. Machine away b. Put the machine / away. c. Put the machine / away / tomorrow.
2	a. Vanilla soda b. I'll have a vanilla / soda. c. I'll have a vanilla / soda / with a banana.
3	a. Normal character b. That character / is not normal. c. That character / is not / a normal gorilla.
4	a. Actor award b. The actor / received / an award. c. The supporting actor / received / an award.
5	a. Minimal apartment b. The apartment / was minimal. b. One area / of the apartment / was minimal.
6	a. System problems b. The system / has problems. c. The system / has many / different problems.

7	a. Finally agree
	b. The family / finally agreed / on the idea.
	c. The family / finally agreed / on the idea / today.
8	a. Amazing chocolate
	b. This almond chocolate / is amazing.
	c. This almond chocolate / is amazingly / delicious.
9	a. Available solutions
	b. What solutions / are available?
	c. What kind / of solutions / are actually / available?
10	a. Again and again
	b. Apply sunblock / again and again.
	c. Apply sunblock / again and again / during vacation.
11	a. Global community
	b. The community / continues / to go global.
	c. The hospital / community / continues / to go global.
12	a. Provide information
	b. Steven / will provide / information.
	c. Steven / will provide/ information / about the campus.
13	a. Another animal
	b. Another / animal balloon / appeared.
	c. Another / animal balloon / appeared, / then disappeared.
14	a. Around the kitchen
	b. Michael / is around / the kitchen.
	c. Michael / is usually / around / the kitchen / eating chicken.

15	a. Foreign action
	b. The foreign / action movie / was a success.
	c. The foreign / action movie / was an international / success.

16	a. Correct advantage
	b. It's not always / an advantage / to be correct.
	b. It's not always / an advantage / to be correct / about everything.

17	a. Attractive beautiful
	b. Anyone / can be attractive / and beautiful.
	c. Anyone / can be attractive / and beautiful / if they have confidence.

18	a. Personal opinions
	b. Your personal / opinions / are appreciated.
	c. Your personal / opinions / and advice / are absolutely / appreciated.

19	a. Difficult version
	b. This version / is more difficult.
	c. This version / is more difficult / because it probably / uses different items.

20	a. Mental physical
	b. Balance / your mental / and physical health.
	c. What are the benefits / of balancing / your mental / and physical health?

1. 눈으로 읽으며 따라 말하기 (x2)

2. 읽지 않고 귀로 듣기만 하고 따라 말하기 (x2)

3. 문장 외워서 혼자 말하기 (x2)

※ 아래의 빨간 글씨는 모두 banana의 "a" 소리 - /ə/ 모음으로 과장되게 발음해 주세요. 각 단어의 스펠링을 그대로 보존하여 보이는 글자와는 사뭇 다른 영어 모음 소리를 인지할 수 있게 해 주는 훈련입니다.

Common Expressions

1	I apologize.	죄송합니다. 사과드립니다.
2	Pay attention.	주목해 주세요.
3	That's amazing!	대단하네요!
4	What happened?	무슨 일이 있었어요?
5	I have a question.	질문이 있어요.
6	See you tomorrow!	내일 봐요!
7	What was that about?	그건 무슨 일이었어요?
8	Great to see you again.	또 만나게 되어 반갑습니다.
9	What do you want to do?	뭐 하고 싶으세요?
10	How are you doing today?	오늘은 좀 어떠세요?

Idioms

1. **Play devil's advocate**
   뜻: 어떠한 상황에 대한 다른 의견도 고려해 보기 위해 일부러 반대 입장을 말하다
   예시: Let me just / play devil's advocate here.
   해석: 여기서 잠깐 내가 다른 생각도 제시해 보겠다.

2. **Ahead of the pack**
   뜻: 앞서가는, 다른 사람들을 능가하는, 선두를 달리는
   예시: Amelia is currently / ahead of the pack.
   해석: 아멜리아가 현재 선두를 달리고 있다.

3. **What goes around comes around**
   뜻: 남에게 하는 대로 되돌려 받을 것이다
   예시: I believe / what goes around comes around.
   해석: 나는 남에게 하는 대로 되돌려 받을 것이라는 말을 믿는다.

4. **Beat around the bush**
   뜻: 둘러말하다, 요점을 피하다
   예시: Stop beating around the bush / and get to the point.
   해석: 둘러대지 말고 어서 요점을 말하라.

5. **An apple a day keeps the doctor away**
   뜻: 사과(또는 건강한 음식)를 하루에 하나씩 먹으면 건강해져서 의사에게 갈 일이 없다
   예시: Remember / that an apple a day / keeps the doctor away.
   해석: 하루에 한 번쯤은 건강한 음식을 먹어야 한다는 것을 기억하라.

6. **Let's get down to business**
   뜻: 본론으로 들어가자, 본격적으로 시작하자
   예시: Now that the introductions are over, / let's get down to business.
   해석: 이제 소개는 다 끝났으니 본론으로 들어갑시다.

7. **Bite off more than you can chew**
   뜻: 감당할 수 없을 만큼 무리하다, 너무 많은 욕심을 부리다
   예시: Perhaps you bit off / more than you can chew / with planning this event.
   해석: 이번 이벤트를 계획하면서 너무 무리하여 욕심을 부린 것 같다.

1. 눈으로 읽으며 따라 말하기 (x2)
2. 귀로 듣기만 하고 따라 말하기 (x2)

※ 아래의 빨간 글씨는 모두 banana의 "a" 소리 - /ə/ 모음으로 과장되게 발음해 주세요. 각 단어의 스펠링을 그대로 보존하여 보이는 글자와는 사뭇 다른 영어 모음 소리를 인지할 수 있게 해 주는 훈련입니다.

Famous Quotes & Book Excerpts

"I don't just want success / for myself, / I want my success / to benefit others."

나는 단지 나 자신만을 위해 성공을 바라는 것이 아니라 내 성공이 다른 사람들에게 도움이 되기를 원한다.

— Osman Gulum

"When our commitment / is wavering, / the best way / to stay on track / is to consider the progress / we've already made. / As we recognize / what we've invested and attained, / it seems like a waste / to give up, / and our confidence and commitment / surge."

우리의 다짐이 흔들릴 때 계속 꾸준히 나아가게 해 주는 최선의 방법은 우리가 이미 이룬 성과를 되돌아보는 것이다. 우리가 투자하고 달성해 온 것들을 스스로 인정해 주었을 때 포기하는 것이 아깝게 느껴지고 우리의 자신감과 다짐이 다시 솟구쳐 오른다.

— Adam M. Grant,
Originals: How Non-Conformists Move the World

"The way to get / the most out of your work / and your life / is to go / as small as possible. / Most people think / just the opposite. / They think big success / is time-consuming / and complicated. / As a result, / their calendars and to-do lists / become overloaded and overwhelming. / Success starts to feel / out of reach, / so they settle for less. / Unaware

/ that big success comes / when we do a few things well, / they get lost / trying to do too much, / and in the end / accomplish too little. / Over time / they lower their expectations, / abandon their dreams, / and allow their life / to get small. / That is the wrong thing / to make small."

당신의 일과 삶을 최대한 활용하는 방법은 가능한 한 작게 가는 것이다. 대부분의 사람들은 그 반대라고 생각한다. 그들은 큰 성공은 많은 시간을 소모하고 복잡한 것이라고 생각한다. 그 결과, 그들의 달력과 할 일 목록에 과부하가 걸리고 부담이 되기 시작한다. 성공이 불가능하게 느껴지기 시작하면서 기대치를 낮추고 안주하게 된다. 우리가 적은 수의 몇 가지 일들을 해 낼 때에 비로소 큰 성공이 온다는 것을 모르는 채 너무 많이 하려고 노력하다가 길을 헤매게 되는 것이다. 그리고 결국에는 성취도가 낮아진다. 시간이 흐르면서 스스로에 대한 기대치를 낮추게 되고, 꿈을 포기하며 자신의 인생이 작아지도록 허락한다. 그것은 작게 만들면 안 되는 것이다.

— Gary Keller, The One Thing

"The purpose / of setting goals / is to win the game. / The purpose / of building systems / is to continue / playing the game. / True / long-term thinking / is goal-less thinking. / It's not about / any single / accomplishment. / It is about the cycle / of endless refinement / and continuous improvement. / Ultimately, / it is your commitment / to the process / that will determine / your progress."

목표 설정을 하는 이유는 내가 하고자 하는 일에서 승리하기 위한 것이다. 시스템을 만드는 이유는 내가 하고자 하는 일을 지속적으로 하기 위한 것이다. 사실상 장기적 생각은 목표 없는 생각이다. 어떤 하나의 성과에 대한 것이 아니다. 끝없이 정교하게 다듬어 가고 지속적으로 발전해 나가는 사이클에 대한 것이다. 궁극적으로, 발전을 결정하는 것은 과정에 대한 당신의 전념이다.

— James Clear, Atomic Habits: An Easy & Proven Way to Build Good Habits & Break Bad Ones

"You are the master / of your destiny. / You can influence, / direct / and control / your own environment."

당신이 당신 운명의 주인이다. 당신은 속해 있는 환경에 대해 영향력을 행사할 수 있고, 지휘할 수 있고 지배할 수 있다.

— Og Mandino, The Greatest Salesman in the World

모음 11

potato의 "a" 소리 - /eɪ/

"포테이토" 아니고
potato

TIP lemon의 /ε/로 시작했다가 곧바로 bean의 /i/ 소리로 혀 모양을
변신시키는 느낌으로 (발음기호 표기는 pumpkin의 /ɪ/로 하지만) 발성해 보세요.

발음 표기법 /eɪ/, /ā/, "ay"

Phonics 이름 **Long A**

특징
- 모음 7, lemon에서 모음 8, bean으로 소리가 옮겨 가는 이중모음
- 힘이 들어가거나 발성의 톤이 올라가지 않고 소리가 끝나면서 발성 톤이 오히려
  가라앉음

일반적인 스펠링	단어 예시
a	Potato
a_e	Make
ai	Gain
ay	May
ei	Reindeer
eigh	Eight
ea	Great
ey	They

구강 모양

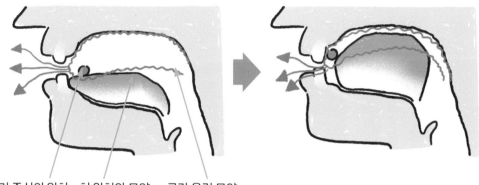

소리 중심의 위치   혀 위치와 모양   구강 울림 모양

공명 만드는 방법

1. /e/ 소리에서 목소리를 끊지 않고 바로 bean의 "ea" /i/ 소리 발성하기
2. 턱   조금 열린 상태로 시작했다가 미세하게 살짝 닫히는 상태로 이동
3. 혀 모양   구강 아래에서 시작했다가 입천장으로 이동
4. 입 모양   입술에서는 힘 빼기
5. 소리 중심 위치   구강 앞쪽 중간에서 앞쪽 위로 이동

🚩 주의 사항 : 소리가 어색하다면 순발력이 부족해서 그런 것일 수 있습니다. 구강 중간에서 힘을 빼고 /e/ 발음을 했다가 재빨리 /i/ 발음을 하기 위해서 혀가 입천장으로 올라가는 운동을 계속 해 주세요.

스피킹 훈련   우리말과 비교하며 소리의 차이를 인지하는 훈련

한국식 발성 소리로 과장해서 먼저 발성해 본 후 위 방법대로 새로운 영어 발성 소리를 내며 서로 비교해 보세요.

포.테.이.토 아니고 pota~to.

기억하세요!

✔Check Point 1: 목구멍 360°로 열기
✔Check Point 2: 가슴뼈에 한 손 올리기
✔Check Point 3: 뒤 턱, 귀 뒤에 한 손 올리기

 eɪ~eɪ~eɪ~eɪ~eɪ~eɪ처럼 동굴 속 메아리가 점점 작아지며 여운이 남는 느낌

1. 한국식 단어 발성 (x1)

2. 이상적인 영어 단어 발성 (x2)

※ 아래의 빨간 글씨는 모두 "potato"의 "a" - /eɪ/ 모음으로 과장되게 발음해 주세요. 각 단어의 스펠링을 그대로 보존하여 보이는 글자와는 사뭇 다른 영어 모음 소리를 인지할 수 있게 해 주는 훈련입니다.

단어 앞 자리					
Ace	Ache	Age	Aid	Ail / Ale	Ape
Ate / Eight	Able	Acorn	Angel	Alien	Asian
단어 끝 자리					
Bay	Clay	Day	Gray	Hay / Hey	Lay
May	Pay	Play	Pray	Ray	Say
Sleigh	Spray	Stay	They	Tray	Way / Weigh
Away	Display	Essay	Highway	Hooray	Obey
Okay	Relay	Sundae / Sunday	Survey	Today	Holiday
단어 중간 자리					
Bake	Base	Beige	Brace	Break	Cage
Cake	Came	Clay	Claim	Date	Drain
Face	Fame	Frame	Gain	Game	Glare
Grade	Grain	Great	Hail	Lake	Late
Made / Maid	Make	Nail	Paid	Pain	Paint
Safe	Same	Save	Shake	Space	Stage
Stain	State	Stay	Steak	Straight	Take
Tame	They	Trade	Trail	Train	Wake
Wait / Weight	Waist / Waste	Wave	Afraid	Airplane	Always
Awake	Baby	Bacon	Bagel	Basic	Bracelet
Cocktail	Complain	Daily	Danger	Data	Domain
Escape	Explain	Lady	Maple	Maybe	Neighbor
Payment	Radio	Reindeer	Safety	Table	Update
Available	Education	Entertainment	Decoration	Favorite	Raisin
Situation	Vacation	Katie	Jake	Clayton	Raymond

1. 한국식 발성으로 또박또박 단어 하나씩 읽기 (x1)
2. **끊어 읽기** 표시(/)를 확인하며 끊어 읽기 (x2)
3. 완전히 마스터할 때까지 반복 훈련하기

※ 모음 발성 교정을 도와주는 텅 트위스터(Tongue Twister) 식의 훈련입니다. 영어 리듬의 감도 훈련할 수 있도록 가장 일반적인 리듬의 단위로 끊어 읽기 표시를 하였습니다. 이렇게 끊어 읽기 단위로 훈련하는 것이 익숙해지면 다음 단계에 도전해 보세요.

1	a. Essay paper b. Save / the essay paper. c. Always / save / the essay paper.
2	a. Baby wakes up b. The baby / wakes up. c. The baby / wakes up / and plays.
3	a. Paid for clay b. Renee / paid / for the clay. c. Renee / paid / for the clay / later.
4	a. Bake cake b. Jake / baked / the cake. c. Jake / baked / the same cake / yesterday.
5	a. Steak and bacon b. Steak / and bacon / are on the plate. c. Steak / and bacon / were on the plate / last Friday.
6	a. Survey mistake b. There was a mistake / on the survey. c. There was a mistake / on the survey / about games.

7	a. Great makeup
	b. The makeup / made April / look / so great.
	c. The stage makeup / made April's face / look so great.
8	a. Plain bagel
	b. Is it okay / to eat plain bagels / every day?
	c. Is it okay / to eat plain / and raisin bagels / every day?
9	a. Narrator's conversation
	b. The narrator / had a conversation.
	c. The narrator / had a conversation / on the radio station.
10	a. Fake nails
	b. Rachel's / fake nails / stayed on.
	c. Rachel's / fake nails / stayed on / and didn't break / today.
11	a. Favorite lemonade
	b. Amy's / favorite beverage / is lemonade.
	c. Amy's / favorite beverage / is lemonade / from Ray's / café.
12	a. Wait late
	b. I had to wait / because they came late.
	c. I had to wait / because they came late / from the train station.
13	a. Take the elevator
	b. After / the ballet show, / take / the elevator / up.
	c. After / the ballet show, / take / the elevator / up / to the buffet.
14	a. Neighbor complaint
	b. The neighbors / had no complaints.
	c. The neighbors / had no complaints / about the table / decoration.

15	a. Navigation display b. The GPS / navigation / displayed / all the highways. c. The GPS / navigation / displayed / all the highways / within range.
16	a. Maple pancakes b. Maple syrup / is best / for pancakes. c. Maybe / maple syrup / is the best / for pancakes / instead of gravy.
17	a. Lady's age b. Don't / make a lady / say / her age. c. Don't / make a lady / say / her age, / especially / if she's a stranger.
18	a. Amazing education b. That place / gave / an amazing / education. c. That place / always gave / an amazing / education / for the trainees.
19	a. Famous places b. Many / Asian countries / have famous / destinations. c. Many / Asian countries / have famous / destinations / to take / vacations.
20	a. Entertainment statement b. The entertainment / company / announced / a statement. c. The entertainment / company / announced / an updated / statement.

1. 눈으로 읽으며 따라 말하기 (x2)

2. 읽지 않고 귀로 듣기만 하고 따라 말하기 (x2)

3. 문장 외워서 혼자 말하기 (x2)

※ 아래의 빨간 글씨는 모두 "potato"의 "a" - /eɪ/ 모음으로 과장되게 발음해 주세요. 각 단어의 스펠링을 그대로 보존하여 보이는 글자와는 사뭇 다른 영어 모음 소리를 인지할 수 있게 해 주는 훈련입니다.

Common Expressions

1	Not so great.	좀 안 좋아요. 별로예요.
2	See you later!	다음에 만나요!
3	Sorry, I'm late.	늦어서 죄송합니다.
4	I'm so grateful.	정말 감사한 마음이에요.
5	Can't complain.	불평할 일이 없네요. 괜찮게 지내요.
6	Same as always.	늘 똑같죠 뭐.
7	Have a great day!	좋은 하루 보내세요!
8	Let's take a break.	좀 쉬었다 해요.
9	You look the same!	하나도 안 변하셨네요!
10	Is it raining outside?	밖에 비 오나요?

Idioms

1. Piece of cake
뜻: 누워서 떡 먹기
예시: That's a piece of cake.
해석: 그건 누워서 떡 먹기지.

2. Take a rain check
뜻: 이번에는 연기하고 다음을 기약하다
예시: I'll have to take a rain check / this time.
해석: 이번에는 못 가지만 다음에는 꼭 갈게요.

3. Make or break
뜻: 성공이나 실패를 결정짓다
예시: One mistake / cannot make or break you.
해석: 한 번의 실수가 당신의 성공이나 실패를 결정지을 수는 없다.

4. Touch base
뜻: 연락하다, 잠깐 안부나 소식에 대해 소통하다
예시: I'll touch base with you again / this Friday.
해석: 금요일에 다시 연락할게요.

5. No pain, no gain
뜻: 고생 없이 얻어지는 것은 없다
예시: My personal trainer / always says to me, / "No pain, no gain!"
해석: 내 개인 트레이너는 항상 나에게 고통 없이 얻어지는 것은 없다고 말한다.

6. Change of pace
뜻: 루틴의 변화, 기분 전환
예시: It must have been a nice / change of pace / to go away / for the weekend.
해석: 주말 여행 다녀와서 기분 전환이 됐겠다.

7. On the same page
뜻: 서로 같은 내용을 이해하고 있는, 서로 동의하는
예시: Now that we're on the same page, / we need to start planning / for vacation.
해석: 이제 서로 이해했으니 휴가 계획을 세우기 시작해 보자.

1. 눈으로 읽으며 따라 말하기 (x2)

2. 귀로 듣기만 하고 따라 말하기 (x2)

※ 아래의 빨간 글씨는 모두 "potato"의 "a" - /eɪ/ 모음으로 과장되게 발음해 주세요. 각 단어의 스펠링을 그대로 보존하여 보이는 글자와는 사뭇 다른 영어 모음 소리를 인지할 수 있게 해 주는 훈련입니다.

Famous Quotes & Book Excerpts

"At an early age, / I learned that people make mistakes, / and you have to decide / if their mistakes are bigger / than your love for them."

나는 어린 나이에 사람들은 실수를 한다는 것과 그들의 실수가 그들에 대한 나의 사랑보다 더 큰지 판단해야 한다는 것을 배웠다.

— Angie Thomas, The Hate U Give

"You're off / to Great Places!
Today / is your day!
Your mountain / is waiting,
So... get on / your way!"

굉장한 곳들을 가게 될 거야!
오늘이 바로 너의 날이지.
너의 산이 기다리고 있어.
그러니 어서 너의 갈 길을 가렴!

— Dr. Seuss, Oh, the Places You'll Go!

"See if you can catch yourself / complaining, / in either speech or thought, / about a situation / you find yourself in, / what other people do or say, / your surroundings, / your life situation, / even the weather. / To complain is always / nonacceptance of what is. / It invariably carries / an unconscious negative charge. / When you complain, / you make yourself into a victim. / When you speak out, / you are in your power. / So, change the situation / by taking action / or by speaking out / if necessary or possible; / leave the situation / or accept it. / All else is madness."

당신이 말이나 생각으로 불평하고 있다는 것을 알아차릴 수 있는지 한번 보라. 특정 상황, 다른 사람의 행동이나 말, 주위 환경, 삶의 처지, 심지어 날씨에 대하여. 불평한다는 것은 항상 실제 상황을 용납하지 않는다는 것이다. 예외 없이 무의식적인 부정적 성향을 띄고 있기 마련이다. 구시렁댈 때에는 자신을 희생자로 만든다. 바르게 말할 때에는 자신을 내면의 힘으로 무장시키게 된다. 그러니, 필요하거나 가능하다면 행동을 취하거나 바른 말을 해서 상황을 바꾸라. 상황을 떠나거나 그냥 받아들여라. 그 외의 모든 것은 미친 짓이다.

— Eckhart Tolle, The Power of Now:
A Guide to Spiritual Enlightenment

"Yes, / but the main thing / is that greatness / is doable. / Greatness / is many, / many individual feats, / and each of them / is doable."

그렇다. 하지만 가장 중요한 것은 위대함은 이룰 수 있다는 것이다. 위대함은 많고 많은 하나하나의 위업들이고 그것들은 각각 가능한 것들이다.

— Angela Duckworth, Grit: The Power of Passion and Perseverance

"Many people / think of success / as a destination, / a place / they need to reach / in order to be happy. / But true success / is a journey, / a way of being. / It's about embracing life / with an open heart and mind, / and creating possibilities / where none / seemed to exist before. / It's about being fully present / in each moment, / and bringing your best self / to every situation."

많은 사람들은 성공을 목적지라고 생각한다. 행복해지기 위해서 도달해야만 하는 곳이라고 말이다. 하지만 진정한 성공은 여정이다. 존재의 방식이다. 열린 마음과 정신으로 삶을 받아들이는 것이고 과거에는 존재하지 않았던 가능성을 창조하는 것이다. 매 순간에 완전히 존재하는 것, 그리고 모든 상황에 최선을 다하는 모습을 보여 주는 것이다.

— Rosamund Stone Zander and Benjamin Zander, The Art of Possibility: Transforming
Professional and Personal Life

모음 12

pineapple의 "i" 소리 - /ɑɪ/

"파인애플" 아니고
pineapple

TIP avocado의 /ɑ/에서 바로 부드럽게 bean의 /i/ 소리로 연결되는
느낌으로(발음기호 표기는 pumpkin의 /ɪ/ 이지만) 발성해 보세요.

발음 표기법 /ɑɪ/, [ī], "ai"
Phonics 이름 Long I

특징
- 모음 1, avocado에서 모음 8, bean으로 소리가 옮겨 가는 이중모음
- 힘이 들어가거나 발성의 톤이 올라가지 않고 소리가 끝나면서 발성 톤이 오히려 가라앉음

일반적인 스펠링	단어 예시
i	Idol
i_e	Ice
ie	Pie
igh	Night
y	Cry
y_e	Style

구강 모양

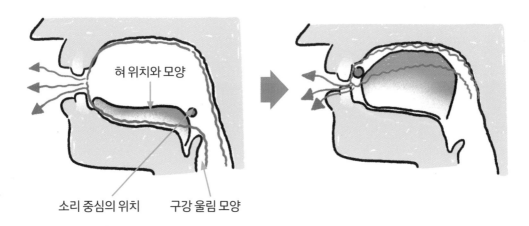

혀 위치와 모양

소리 중심의 위치　　구강 울림 모양

공명 만드는 방법

1. /ɑ/ 소리에서 목소리를 끊지 않고 바로 bean의 "ea" /i/ 소리 발성하기
2. 턱 　열린 상태로 시작했다가 살짝 닫히는 자세로 이동
3. 혀 모양 　구강 아래에서 시작했다가 입천장으로 이동
4. 입 모양 　입술에서는 힘 빼기
5. 소리 중심 위치 　구강 뒤쪽 아래에서 앞쪽 위로 이동

▶ 주의 사항 : /ɑ/ 소리를 길게 난 다음 /i/ 소리를 내는 것이 아닌 오히려 도착지인 /i/ 소리가 더 길게 발성되는
느낌입니다.

스피킹 훈련　우리말과 비교하며 소리의 차이를 인지하는 훈련

과장되게 한국식 발성 소리를 먼저 내보신 다음 위 방법대로 새로운 영어 발성 소리를 내어서 바로 비교해 보세요.

파.인.애.플 아니고 **pi~neapple.**

기억하세요!

✔Check Point 1: 목구멍 360°로 열기
✔Check Point 2: 가슴뼈에 한 손 올리기
✔Check Point 3: 뒤 턱, 귀 뒤에 한 손 올리기

 ɑɪ~ɑɪ~ɑɪ~ɪɑ~ɑɪ~ɑɪ-처럼 동굴 속 메아리가 점점 작아지며 여운이 남는 느낌

1. 한국식 단어 발성 (x1)

2. 이상적인 영어 단어 발성 (x2)

※ 아래의 빨간 글씨는 모두 "pineapple"의 "i" - /ɑɪ/ 모음으로 과장되게 발음해 주세요. 각 단어의 스펠링을 그대로 보존하여 보이는 글자와는 사뭇 다른 영어 모음 소리를 인지할 수 있게 해 주는 훈련입니다.

단어 앞 자리					
Aisle / I'll	I	Ice	I'd	Idea	Idol
Iris	Iron	Island	Item	Icicle	Ivory
단어 끝 자리					
By / Bye	Cry	Dry	Eye	Fry	Fly
Guy	Hi / High	Lie	My	Pie	Shy
Sigh	Sky	Spy	Thigh	Ty	Try
Why	Apply	July	Supply	Rely	Reply
단어 중간 자리					
Bike	Bite	Bright	Dice	Dime	Dive
Drive	Fight	File	Fine	Fire	Five
Flight	Guide	Hide	Hike	Hire	Hive
Kind	Kite	Knife	Knight / Night	Life	Like
Lime	Line	Light	Mice	Might	Mine
Nice	Night	Nine	Pike	Pile	Pine
Pipe	Price	Pride	Prize	Rhyme	Rice
Ride	Right / Write	Ripe	Rise	Shine	Side
Sight / Site	Size	Slice	Slide	Smile	Spike
Tide / Tied	Tight	Tile	Time	Tire	Tribe
Tried	White	Wide	Wife	Wild	Wine
Wipe	Wire	Wise	Vice	Vine	Advice
Advise	Alright	Arise	Arrive	Behind	Cider
Cycle	Delight	Inside	Lightening	Midnight	Mighty
Outside	Polite	Rewind	Silent	Tiger	Tonight
Unite	Website	Appetite	Appetizer	Advertise	Bicycle
Realize	Vitamin	Michael	Diana		

1. 한국식 발성으로 또박또박 단어 하나씩 읽기 (x1)
2. **끊어 읽기** 표시(/)를 확인하며 끊어 읽기 (x2)
3. 완전히 마스터할 때까지 반복 훈련하기

※ 모음 발성 교정을 도와주는 텅 트위스터(Tongue Twister) 식의 훈련입니다. 영어 리듬의 감도 훈련할 수 있도록 가장 일반적인 리듬의 단위로 끊어 읽기 표시를 하였습니다. 이렇게 끊어 읽기 단위로 훈련하는 것이 익숙해지면 다음 단계에 도전해 보세요.

1	a. Smile "Hi" b. I smiled / and said, "Hi!" c. I smiled / and said, "Hi!" / to Mike.
2	a. Lions climb b. Do lions / like to climb? c. Do lions / like to climb / in the wild?
3	a. Diane drives b. Remind / Diane / not to drive. c. Remind / Diane / not to drive / on ice.
4	a. Write diaries b. People / write diaries. c. Most people / write diaries / in private.
5	a. Butterfly night b. Did I see / butterflies / at night? c. Did I ever see / butterflies fly / at night?
6	a. Virus scientist b. Scientists / study / viruses. c. Scientists / study / a variety / of viruses.

7	a. Client profile
	b. The client / provided / the profile.
	c. The client / provided / the required / profile.
8	a. Driver's license
	b. Heidi / needs / a driver's license.
	c. Heidi / needs to apply / for a driver's license.
9	a. Friday deadline
	b. The deadline / is Friday.
	c. The deadline / for the final outline / is Friday.
10	a. Memorize exercise
	b. I can / memorize / the exercise routine.
	c. I can / memorize / the entire / exercise routine.
11	a. Variety of ideas
	b. Isaiah / had a variety / of ideas.
	c. Isaiah / had a variety / of ideas / for the assignment.
12	a. Quiet libraries
	b. Libraries / are quiet.
	c. Libraries / are quiet, / but sometimes, / not so silent.
13	a. Microwave appetizer
	b. Put the appetizer / in the microwave.
	c. Put the appetizer / in the microwave / for a long time.
14	a. White light
	b. The white light / from the sunshine / is blinding.
	c. The white light / from the sunshine / is blinding / outside.

15	a. Stylish idol
	b. The stylish / K-Pop idol / is so polite.
	c. The stylish / K-Pop idol / with long eyelashes / is so polite.
16	a. Exciting survival
	b. Survival shows / are exciting / to watch.
	c. I didn't realize / survival shows / are so exciting / to watch.
17	a. Invite inside
	b. I'd like to / invite you / inside.
	c. I'd like to / invite you / inside / to see / the interior / design.
18	a. Organize dinosaurs
	b. The dinosaur / toys / have to be / organized.
	c. The dinosaur / and crocodile / toys / have to be / organized.
19	a. Giant triangle
	b. The giant / triangle / can be divided.
	c. The giant / triangle / can be divided / into many / tiny triangles.
20	a. Daytime nighttime
	b. Isaac / needs to decide / between daytime / or nighttime.
	c. Isaac / needs to decide / between daytime / or nighttime / for the surprise party.

1. 눈으로 읽으며 따라 말하기 (x2)

2. 읽지 않고 귀로 듣기만 하고 따라 말하기 (x2)

3. 문장 외워서 혼자 말하기 (x2)

※ 아래의 빨간 글씨는 모두 "pineapple"의 "i" - /ɑɪ/ 모음으로 과장되게 발음해 주세요. 각 단어의 스펠링을 그대로 보존하여 보이는 글자와는 사뭇 다른 영어 모음 소리를 인지할 수 있게 해 주는 훈련입니다.

Common Expressions

1	**I like it.**	좋아요.
2	**Good idea.**	좋은 생각이에요.
3	**That's fine.**	그런 것 괜찮아요.
4	**Okay, I'll try it.**	네, 한번 해 볼게요.
5	**Never mind.**	아무것도 아니에요.
6	**That's right.**	그렇죠. 맞습니다.
7	**How exciting!**	신나는 일이네요! 기대돼요!
8	**From time to time.**	가끔씩이요.
9	**Give me high five!**	하이파이브하자!
10	**Have a good night.**	좋은 밤 되세요.

Idioms

1. Time flies
뜻: 시간이 빨리 가다
예시: Time flies / when you're having fun!
해석: 재미있게 놀 때는 시간이 참 빨리 가지!

2. Break the ice
뜻: 어색하고 서먹서먹한 분위기를 깨다
예시: Let's play some games / to break the ice.
해석: 어색함을 깨기 위해 게임을 하자.

3. See eye to eye
뜻: 동의하다, 의견이 일치하다
예시: I'm glad we finally / see eye to eye / this time.
해석: 이번에는 드디어 우리의 의견이 일치하니 기쁘네요.

4. Love is blind
뜻: 눈에 콩깍지가 씌다, 사랑에 눈이 멀다
예시: Diana knows / that Ryan is a spy, / but love is blind.
해석: 다이애나는 라이언이 스파이라는 것을 알지만 사랑에 눈이 멀었다.

5. The bottom line
뜻: 가장 중요한 점, 요점, 핵심, 결론적인 것
예시: The bottom line / is that you should not / drink and drive.
해석: 가장 중요한 핵심은 음주 운전을 하지 말아야 한다는 것이다.

6. Think outside the box
뜻: 고정관념이나 틀을 깨고 생각하다
예시: Isaac advised the high schoolers / to think outside the box.
해석: 아이작이 고등학생들에게 기존의 틀을 깨고 생각하라고 조언하였다.

7. My hands are tied
뜻: 나 혼자 자유롭게 의사 결정을 못한다 (법, 규정, 상사 등의 원인으로 어쩔 수 없이)
예시: I really want to help you / with the price, / but my hands are tied.
해석: 나도 값을 정말 깎아 주고 싶지만 어떻게 할 수가 없어.

Step 4 | 문단 트레이닝

1. 눈으로 읽으며 따라 말하기 (x2)
2. 귀로 듣기만 하고 따라 말하기 (x2)

※ 아래의 빨간 글씨는 모두 "pineapple"의 "i" - /aɪ/ 모음으로 과장되게 발음해 주세요. 각 단어의 스펠링을 그대로 보존하여 보이는 글자와는 사뭇 다른 영어 모음 소리를 인지할 수 있게 해 주는 훈련입니다.

Famous Quotes & Book Excerpts

"We must / use time wisely / and forever realize / that the time / is always ripe / to do right."

우리는 시간을 현명하게 사용해야 하고 옳은 일을 해야 할 때가 항상 지금이라는 것을 영원히 깨달아야 한다.

— Nelson Mandela

"Why: / Very few people / or companies / can clearly articulate / why they do / what they do. / "Why" / is all about your purpose. / Why does your company / exist? / Why do you get out of bed / in the morning? / And why should / anyone care?"

Why: 많은 사람들이나 회사들은 본인이 왜 하고 있는 일을 하고 있는지 정확히 표현하지 못한다. Why는 당신의 목적에 대한 것이다. 당신의 회사는 왜 존재하는가? 당신은 왜 아침에 일어나는가? 그리고 누구든 왜 신경 써야 하는가?

— Simon Sinek, Start with Why:
How Great Leaders Inspire Everyone to Take Action

"I made myself / a snowball
As perfect / as could be.
I thought I'd keep it / as a pet
And let it / sleep with me.
I made it / some pajamas

And a pillow / for its head.
Then last night / it ran away,
But first / it wet the bed."

난 혼자서 눈덩이를 만들었다.
정말 완벽 그 자체였다.
반려동물처럼 키울까 하여
내 옆에서 재우기로 하였다.
파자마도 만들어 주고
머리를 받쳐 줄 배게도 만들어 주었다.
그리고 다음 날 보니 밤중에 도망갔더라.
그런데 떠나기 전에 침대에 실수를 했지 뭔가.

— Shel Silverstein

"Looks like / he'd be proud of it," / I said.
"People / in their right minds / never take pride / in their talents," / said
Miss Maudie.

"그는 그것을 자랑스러워 할 것 같아요," 내가 말했다.
"올바르게 생각하는 사람들은 자신의 재능을 자랑거리라고 생각하지 않는단다."라고 미스 모디가 말했다.

— Harper Lee, To Kill a Mockingbird

"In my younger / and more vulnerable years / my father / gave me some
advice / that I've been turning over / in my mind ever since. / 'Whenever
you feel / like criticizing any one,' / he told me, / 'just remember / that
all the people / in this world / haven't had / the advantages / that you've
had.'"

내가 더 젊고 취약했던 시절에 아버지께서는 지금까지도 계속 내 머릿속을 맴돌고 있는 몇 가지 조언을
해 주셨다. '네가 누군가를 비난하고 싶을 때마다 기억하거라. 이 세상의 모든 사람들은 네가 가졌던
유리함들이 없었다는 것을.'이라고 말이다.

— F. Scott Fitzgerald, The Great Gatsby

참고 문헌

Hu, X., Ackermann, H., Martin, J.A., Erb, M., Winkler, S., Reiterer, S. (2013) Language aptitude for pronunciation in advanced second language (L2) Learners: Behavioural predictors and neural substrates. Brain & Language, 127(3), 366-376.

Moon, C., Lagercrantz, H., Kuhl, P. (2013). Language experienced in utero affects vowel perception after birth: a two-country study. Acta Pædiatrica, 102, 156-160.

Reiterer, S. M., Hu, X., Erb, M., Rota, G., Nardo, D., Grodd, W., et al. (2011). Individual differences in audio-vocal speech imitation aptitude in late bilinguals: Functional neuro-imaging and brain morphology. Frontiers in Psychology, 2, 271

Memo